Karin Schweitzer

Gesund mit Basischer Ernährung

Band II

Basenfasten

Entsäuern - Entschlacken

Zusammenhang zwischen gesunder Ernährung

und gesundem Körper

Schweitzerhaus Verlag

Schrift * Wort * Ton

Karin Schweitzer

Frangenberg 21 * 51789 Lindlar * Telefon 02266 47 98 211

eMail: mail@schweitzerhaus.de

Satzlayout und Umschlaggestaltung:

Karin Schweitzer, Lindlar

Gedruckt in Deutschland

Besuchen Sie uns im Internet:

www.schweitzerhaus.de

1. Auflage 2019

ISBN: 978-3-86332-061-4

Inhaltsverzeichnis

Teil 1

Krankheiten befallen uns nicht aus heiterem Himmel, sondern entwickeln sich aus täglichen Sünden wider die Natur. Wenn sich diese gehäuft haben, brechen sie unversehens hervor.

Hippokrates

Wissen ist Macht

Dieses Sprichwort lässt sich auch auf unsere Gesundheit anwenden. Denn viele sogenannte Zivilisationskrankheiten wie Diabetes Typ 2, Übergewicht, Herz-Kreislauf-Störungen und Magen-Darm-Erkrankungen sind einem mangelnden Ernährungswissen geschuldet. Welche präventiven als auch therapeutischen Kräfte in einer vitalstoffreichen vegetarischen Ernährung stecken, brachten neue internationale Untersuchungen ans Licht.

Immer mehr Studien bezeugen den Zusammenhang zwischen bestimmten Krankheiten und Ernährungsgewohnheiten. Neue Forschungsergebnisse bestätigen nun einmal mehr, dass der Verzicht auf tierische Produkte nicht nur präventiv wirkt, sondern auch ernsthafte Leiden wie Herzerkrankungen, Krebs, Diabetes und Fettleibigkeit bekämpfen kann. Mediziner des amerikanischen Cleveland Clinic Wellness Institute gehen noch einen Schritt weiter, indem sie behaupten, eine ausgewogene vegetarische Ernährung wäre die Lösung für unser von Zivilisationskrankheiten strapaziertes Gesundheitssystem.

Nicht nur die Häufigkeit ernährungsbedingter Krankheiten könnte mit einer vitalstoffreichen pflanzlichen Kost verringert werden. Auch beim medizinischen Budget ließen sich deutliche Einsparungen erzielen, wenn die Bevölkerung keine Fleisch- und Milchprodukte mehr konsumieren würde. Die Studie des Instituts befasste sich insbesondere mit dem Einfluss einer vegetarischen Lebensweise auf die Koronare Herzkrankheit.

Dr. Caldwell Esselstyn, Leiter des Herzkreislaufprogramms für Prävention und Reversion des Cleveland Clinic Wellness Institute, führte eine ernährungsorientierte Langzeitstudie mit Patienten durch, die an einer schweren Koronaren Herzkrankheit (KHK) litten. Bei einer KHK handelt es sich um eine Durchblutungsstörung des Herzmuskels als Folge verengter Herzkranzgefäße (Koronararterien). Verantwortlich für entsprechende Schmerzen in der Brust (Angina-pectoris-Symptome) ist meist eine zugrunde liegende Arterienverkalkung (Arteriosklerose). Begünstigt wird die KHK durch Bluthochdruck, erhöhte Blutfettwerte,

Diabetes mellitus und starkes Übergewicht (Adipositas) als Folge von Ernährungsfehlern.

Die Krankheit konnte durch eine vegetarische Ernährung gestoppt und kuriert werden, kommentierte Esselstyn die Erfolge seiner Behandlungsmethode. Als positive Begleiterscheinungen verloren die Patienten Gewicht, ihr Blutdruck normalisierte sich und die Blutzuckerwerte von Typ-2-Diabetikern verbesserten sich.

Esselstyn stellt vor allem der heutigen Jugend eine negative gesundheitliche Prognose aus. Angesichts ihrer durchschnittlichen Ernährungsgewohnheiten würden jungen Menschen in den Industrieländern in ein bis zwei Jahrzehnten dieselben Zivilisationskrankheiten drohen. Es sei deshalb höchste Zeit, mehr Aufklärungsarbeit zu gesunder Ernährung zu betreiben. Denn schwere Krankheiten wie KHK seien nicht genetisch bedingt, sondern das Resultat fehlenden Ernährungswissens beziehungsweise mangelnder Selbstverantwortung.[1]

---

1 Dr. Caldwell Esselstyn

Ernährungsaufklärung

Regierungen tun sich schwer mit der Finanzierung der steigenden Gesundheitskosten, dabei liegt die Lösung für das chronische Gesundheitsdesaster der westlichen Welt auf der Hand. Für Esselstyn steht die öffentliche Aufklärung hinsichtlich der Verbindung zwischen Zivilisationskrankheiten und Ernährungsgewohnheiten an erster Stelle. Der Verzicht auf Fleisch- und Milchprodukte käme der Gesundheit jedes Einzelnen zugute und somit auch dem Staatshaushalt.

Die Revolution im Gesundheitswesen wird kommen, wenn wir der Öffentlichkeit einen Lebensstil vermitteln können, der 75 Prozent aller bekannten chronischen Erkrankungen stoppen und schließlich beseitigen kann. Und ein essentieller Bestandteil dieses Lebenswandels ist eine vegetarisch-basische Ernährungsweise, erklärte Esselstyn.

Mitschuldig am fehlenden Ernährungswissen in der Gesellschaft sei nicht zuletzt die mangelhafte Ausbildung von Ärzten in Ernährungsfragen. Angehende Mediziner müssen im Laufe ihres Studiums meist nur einen ernährungswissenschaftlichen Kurs besuchen, der sich zudem häufig nur auf die Wechselwirkungen zwischen Nahrungsmitteln und Medikamenten beschränkt. In Anbetracht der Erkenntnisse über den direkten Zusammenhang zwischen vielen Krankheiten und Ernährungsgewohnheiten ist das ein untragbarer Zustand!

Auch Dr. Neal Barnard, Gründer des Physicians Committee for Responsible Medicine, äußert sich besorgt:

Viele Menschen haben noch immer keine Vorstellung, welchen Einfluss die Lebensmittelwahl auf ihre Gesundheit hat. Gesündere Entscheidungen würden nicht nur das eskalierende Übergewicht in den Industrienationen aufhalten, sondern auch Herzerkrankungen heilen, Krebs vorbeugen und andere gesundheitliche Risiken senken.

Dr. Joel Fuhrman, Leiter eines ernährungswissenschaftlichen Projekts der National Health Association in New Jersey, setzt ebenfalls auf eine vegetarische Ernährung bei der Behandlung typisch westlicher Krankheiten wie Typ-2-Diabetes. Die beste und sicherste *Medizin* sei eine kalorienarme pflanzliche Ernährung mit hoher Nährstoffdichte sowie ausreichend Bewegung. Das bestätigte auch eine britische Studie zur Relation von Darmleiden und Fleischkonsum.

Wissenschaftler der Oxford University kamen zu dem Schluss, dass Vegetarier deutlich seltener an Magen-Darm-Erkrankungen leiden als Fleischesser. Sie untersuchten die Ernährungsgewohnheiten von 47.033 Erwachsenen in England und Schottland, darunter 15.459 Vegetarier. Im Laufe von 12 Jahren waren 812 Fleisch essende Studienteilnehmer an der Darmkrankheit Divertikulose erkrankt, sechs davon mit Todesfolge. Nach Ausschließung sämtlicher anderer Faktoren stellte sich heraus, dass Vegetarier zu 31 Prozent weniger gefährdet sind, an dieser Krankheit zu erkranken. Eine zusätzliche Rolle spielt dabei die Aufnahme von verdauungsfördernden Ballaststoffen, welche bei einer vegetarischen Ernährung mit viel Obst, Gemüse und Getreide gewöhnlich höher ausfällt als bei einer Mischkost mit Fleisch und Milchprodukten.

Im Gegensatz zu Fleischessern haben Vegetarier auch ein 36-prozentig geringeres Risiko am Metabolischen Syndrom zu erkranken, das als Vorbote für Herz-Kreislauf-Erkrankungen gilt und zumeist aus starkem Übergewicht, Bluthochdruck, einem erhöhten Blutzuckerspiegel und einem gestörten

Stoffwechsel resultiert. Zu diesem Ergebnis kamen Untersuchungen der kalifornischen Loma Linda University.

Sowohl Divertikulose als auch das Metabolische Syndrom werden auf eine *typisch westliche* Ernährungsweise zurückgeführt, die reich an tierischen Fetten und industriell verarbeiteten Lebensmitteln ist, aber nur wenige Ballaststoffe aufweist. Menschen, die sich ausgewogen vegetarisch ernähren, schneiden, Studienleiter Dr. Gary Fraser zufolge, insgesamt gesundheitlich besser ab als Fleischesser. Das zeigten die niedrigeren Blutzucker- und Blutdruckwerte sowie der BMI (body mass index) der vegetarisch lebenden Testpersonen.

Prophylaxe

Chronische Leiden wie Diabetes, Bluthochdruck, Verdauungsstörungen und auch Arthritis/Arthrose können zumeist auf langjährige Ernährungsfehler zurückgeführt werden. Nehmen Sie Ihre Gesundheit deshalb selbst in die Hand und sorgen Sie vor! Aktivieren Sie Ihre Abwehrkräfte und werden Sie leistungsfähiger mit einer vitalstoffreichen vegetarischen Ernährung, die sich auf frische, möglichst biologische Lebensmittel konzentriert und tote Fleisch- und Industrienahrung meidet. Somit versorgen Sie Ihren Körper mit allen essentiellen Vitaminen, Mineralien, Aminosäuren, Enzymen und sekundären Pflanzenstoffen.

Anstelle von Fleisch, Fisch und Milchprodukten bereichern hochwertige pflanzliche Proteine Ihren Speiseplan. Eine Vielzahl von Nüssen, Samen, Hülsenfrüchten, Vollkornprodukten und Pseudogetreide wie Quinoa, Amaranth, Hirse und Buchweizen als auch grünes Blatt- und Kohlgemüse, Wildpflanzen und Pilze machen dem angeblichen *vegetarischen Eiweissmangel* den Garaus. Auch ein gelegentliches Bio-Ei kann nicht schaden. Die richtige Zusammenstellung einer gesunden Ernährung ist dabei das A und O. Bleiben Sie also informiert und erfahren Sie mehr über die Themen gesunde, vegetarische und basische Ernährung![2]

---

2 Quellen
Rattue G, «Vegeterian Diet Reduces Risk Of Serious Disease Considerably» Medical News Today 2011 (Vegetarische Ernährung verringert Risiko für ernste Krankheiten erheblich)
Toronto Sun 2011 «Vegetarians may have less risk of digestive disease» (Vegetarier haben geringeres Risiko für Verdauungsstörungen)
CNCA 2011 «Vegetarians Less Likely to get 'Western Diet' Digestive Disorders» (Vegetarier leiden seltener unter Verdauungsstörungen einer typisch westlichen Ernährung)
The Guardian 1 July 2009 «Vegetarians less likely to develop cancer than meat eaters, says study» (Vegetarier scheinen seltener Krebs als Fleischesser zu entwickeln, sagt Studie)
Onmeda 2011 «Koronare Herzkrankheit (KHK), Angina pectoris»

Basenfasten für Ihre Gesundheit

Fasten alleine führt nicht immer zu dem gewünschten Ergebnis. Oft wird die Fastenkur abgebrochen, weil unangenehme Nebenwirkungen auftreten. Zudem gibt es viele Menschen, für die das Fasten - aus welchen Gründen auch immer - nicht geeignet ist.

Für diese Menschen ist das Basenfasten, eventuell in Verbindung mit einer leichten Darmreinigung - eine ideale Lösung.

Basenfasten ist grundsätzlich für jeden Menschen geeignet. Das Basenfasten kann von jedem Erwachsenen als reine Gesundheitsprävention durchgeführt werden. Besonders chronisch kranke Menschen erreichen durch das Basenfasten eine Entlastung und Entgiftung ihres Körpers. Die Zufuhr an Nährstoffen ist während der Basenfastenwoche ausreichend und der Stoffwechsel wird nicht strapaziert, sodass auch ausreichend Bewegung durchgeführt werden kann.

Viele Menschen leiden unter einem trägen Darm, der sich nicht vollständig entleert. Das führt im Laufe der Zeit zu Ablagerungen und Verklebungen entlang der Darmwand. Aber auch bei Menschen, die zu Durchfall neigen, bilden sich Ablagerungen, die die Darmwand verkleben.

Ungesunde Ernährung, ein Zuviel an Nahrungsmitteln, Medikamenteneinnahmen und Bewegungsmangel sind für diesen Zustand verantwortlich. Eine regelmäßige Entschlackung ist daher in der heutigen Zeit wichtiger denn je.

Während bei herkömmlichen Fastenkuren gänzlich auf feste Nahrung verzichtet wird, können Sie sich beim Basenfasten satt essen. Vielleicht wäre diese Form des Fastens eine Alternative für Sie?

Beim Basenfasten wird auf sämtliche Lebensmittel, die im Körper Säuren bilden, konsequent verzichtet. Die zugeführten Lebensmittel sind durchweg basenbildend oder zumindest sollten sie neutral reagieren. Durch den völligen Verzicht auf säurebildende Lebensmittel können die eingelagerten sauren Stoffwechselschlacken gelöst und ausgeschieden werden.

Um zu entscheiden, ob jemand eine

Basenfasten-Kur durchführen sollte, kann er sich an seinem Gesundheitszustand orientieren. Wer an Verdauungsbeschwerden wie Durchfall, Blähungen oder Verstopfung leidet, wer über Hautprobleme, Migräne oder Rheuma von sich berichten kann, für all diese Menschen ist das Basenfasten eine ideale kurzfristige Ernährungsform.

So sorgsam, wie wir unser Körperäußeres pflegen, sollten wir auch unser Körperinneres behandeln. Besonders der Darm wird in der heutigen Zeit tagtäglich starken Belastungen ausgesetzt. Ungeeignete Nahrung, aber auch Stress oder bestimmte Medikamente (zum Beispiel Antibiotika) irritieren unser Verdauungssystem. Es macht sich folglich nicht selten mit den entsprechenden Symptomen bemerkbar. Zur Pflege und Sanierung eines solchen Darmes eignet sich eine Darmreinigung, die Sie leicht zu Hause durchführen und gleichzeitig auch in den Berufsalltag integrieren können.

Wer sein Äußeres nicht pflegt, gilt als nicht gesellschaftsfähig. Wer sein Inneres nicht reinigt, gilt als vollkommen normal, zumindest unter Menschen. Affen nämlich kauen immer wieder spezielle Bitterkräuter mit feiner Blattbehaarung. Diese verursachen Durchfall, reinigen außerdem das Verdauungssystem und befreien von Parasiten. Wölfe und Hunde verwenden als Brechmittel Gras, um ihren Magen-Darm-Trakt zu reinigen. Schafe, die an Verdauungsproblemen leiden, fressen verstärkt Kräuter wie die Schafgarbe, um ihren Darm zu aktivieren.

Und auch Ärzte setzten – von der Antike bis etwa 1940 – die Darmreinigung häufig als Therapie ein. Wer also ist hier merkwürdig? Derjenige, der stets für innere Sauberkeit sorgt und daher aktive Gesundheitsfürsorge betreibt oder jener, der fröhlich alles futtert, was ihm in die Finger kommt, seine innere Hygiene vernachlässigt und schließlich zu rätseln beginnt, warum es hier zwickt und da kneift?

Jeder Mensch kann den Grad seiner Gesundheit beeinflussen. Abgesehen davon, dass zweifelsohne auch seelische Faktoren den Gesundheitszustand maßgeblich mitgestalten, können auf der körperlichen Ebene - neben der Darmreinigung - die folgenden Punkte zu einem langen und gesunden Leben beitragen:

- Ernähren Sie sich von vitalstoffreichen, basischen und frisch zubereiteten Lebensmitteln, die möglichst aus biologischem Anbau stammen.

- Achten Sie auf einen hohen Rohkostanteil.
- Bewegen Sie sich regelmäßig an der frischen Luft und tanken Sie dabei ausreichend Sonnenlicht.
- Trinken Sie reines kohlensäurefreies Quellwasser oder gereinigtes Leitungswasser (täglich mindestens 2 Liter).
- Meiden Sie die wesentlichsten Zivilisations-, Lebensmittel- und Umweltgifte und führen sie ein- bis zweimal jährlich eine Darmreinigung durch.

Die Faustregel für ein aktives, gesundes und langes Leben lautet also folgendermaßen:

1. Alles, was dem Körper gut tut, sollte in ausreichender Menge zugeführt werden.

2. Alles, was ihm schadet, sollte den Körper schnellstmöglich wieder verlassen können oder gar nicht erst zugeführt werden.

An diesen beiden lebenswichtigen und die Lebensqualität bestimmenden Punkten ist kein Organ so direkt und unmittelbar beteiligt wie der Darm.

Der Zustand des Darmes bestimmt einerseits, in welchem Ausmaß die Nahrung verwertet werden kann und in welcher Geschwindigkeit Schad- und Abfallstoffe den Körper wieder in welchem Umfang verlassen können. Der Darm und seine Funktionalität sind also für den Erhalt der Gesundheit von überragender Wichtigkeit. Leider denken gerade darüber heute wenige Ärzte nach. Glücklicherweise kann man sein Verdauungssystem auch ohne Arzt mit einer Darmreinigung problemlos wieder auf Vordermann bringen - und zwar ganz einfach zu Hause.

Heute sind es meist Heilpraktiker, die Darmreinigungen in Form der Colon-Hydro-Therapie anbieten. Ärzte, die diese Form der Heilkunst anwenden oder sie auch nur empfehlen, sucht man hingegen wie die Stecknadel im Heuhaufen.

Warum die Darmreinigung im Repertoire der Schulmedizin fehlt, kann ich Ihnen erklären.

Erstens soll der Patient möglichst wenig Zeit des Arztes in Anspruch nehmen, gleichzeitig möglichst reichhaltig pharmazeutische Präparate konsumieren und hoffentlich bald wieder kommen.

Zweitens übernehmen die gesetzlichen Krankenkassen die Kosten für Darmreinigungen in den allermeisten Fällen nicht.

Drittens ist vielen Schulmedizinern der Zusammenhang von Krankheit und Zustand des Verdauungssystems nicht bekannt, weil dieser Punkt während ihrer Ausbildung keine Erwähnung findet.

Warum nicht, darüber darf spekuliert werden: Glauben die Mediziner wirklich, Darmreinigungen seien nutzlos (was man ihnen nicht verübeln darf, da ihnen ja die nötige Information, die praktische Erfahrung und somit eine Menge Erfolgserlebnisse auf diesem Gebiet fehlen) oder wissen sie doch um die positiven Auswirkungen einer Darmreinigung und fürchten durch deren verstärkte Anwendung das massenhafte Ausbleiben ihrer gesundeten Patienten?

Im Grunde jedoch ist es gar nicht mehr wichtig, welcher Therapeut nun eine Darmreinigung empfiehlt und welcher nicht. Denn eine Darmreinigung kann völlig problemlos

– auch mitten im Berufsalltag – von jedem Menschen in die Tat umgesetzt werden. Es sind dafür keine besonderen Apparaturen oder Einrichtungen nötig. Eine aufwändige Diät ist nicht erforderlich.

Auch die bei den ersten auf dem Markt erschienenen Darmreinigungen oft üblichen komplizierten Einnahmepläne, die eine Integration in den Alltag fast unmöglich machten und statt dessen mindestens vier Wochen Urlaub erforderten, sind längst passé. Und – welch ein Glück - man muss sich auch nicht, wie viele Menschen beim Wort Darmreinigung oft automatisch meinen, unentwegt in unmittelbarer Nähe eines stillen Örtchens aufhalten.

Eine Darmreinigung ist also eine äußerst einfache Angelegenheit. Doch so simpel die Durchführung einer Darmreinigung auch sein mag, so überragend sind die Auswirkungen eines reinen, von Ablagerungen befreiten Verdauungssystems auf die Vitalität des Menschen.

Ist der Darm durch eine langjährige Fehlernährung und anderen Faktoren überlastet oder bereits geschädigt, so kann er seinen lebenswichtigen Aufgaben nicht in ausreichender Weise nachkommen. Das hat gravierende Folgen für den gesamten Organismus, wovon die üblichen Verdauungsbeschwerden noch die harmlosesten sind.

Da sich eine eingeschränkte Darmfunktion und mangelhafte Darmgesundheit auf den ganzen Körper auswirken wird, können sehr vielfältige Symptome auftreten, darunter auch solche, die niemand primär mit dem Darm in Verbindung bringt, wie zum Beispiel Allergien, Rheuma, Gicht usw., die aber verschwinden oder gelindert werden können, so wie dem Verdauungssystem die nötige Aufmerksamkeit gewidmet wird.

Der Darm ist Ihr zentrales Lebensorgan! Jede Störung, die dort ihren Ursprung hat, lässt den gesamten Körper leiden. Wird die Nahrung nicht richtig verwertet, mangelt es allen Körperteilen an Nähr- und Mikronährstoffen. Ist der Darm mit schädlichen Darmbakterien fehlbesiedelt, dann leidet der ganze Organismus unter den Stoffen, die von diesen pathogenen Bakterien gebildet werden.

Fehlen in der Darmflora jene nützlichen Darmbakterien, die Vitamine oder Enzyme bilden, dann bleibt das Problem nicht nur auf den Darm konzentriert, sondern wirkt sich natürlich auf den ganzen Organismus aus.

Können Stoffwechsel-Endprodukte nicht schnellstmöglich abtransportiert werden (harter und/oder seltener Stuhlgang), dann wird der gesamte Körper von den zu lange im Darm weilenden Belastungen in Mitleidenschaft gezogen.

Eine Darmreinigung lohnt sich also für den ganzen Körper. Denn nur ein gepflegter Darm macht aus einem Menschen einen gesunden Menschen.

Unser Verdauungssystem

Das Verdauungssystem des Menschen beginnt mit einer Öffnung weit oben auf unserer Vorderseite (Mund) und endet mit einer weiteren Öffnung ein gutes Stück weiter unten auf unserer Rückseite (After).

Zwischen beiden Öffnungen befindet sich eine Art gewundener Schlauch, dessen einzelne Abschnitte von uns verschiedene Bezeichnungen bekamen.

Das Ganze beginnt mit der Speiseröhre, die im Magen mündet. Von dort führt der Dünndarm in den Dickdarm und dieser über den Enddarm schließlich zum Ausgang.

Ein ausgeklügeltes System, das eigentlich perfekt funktionieren könnte, würden ihm alle Wünsche erfüllt, die es zum perfekten Funktionieren bräuchte. Und gerade das ist der Knackpunkt: Wir kennen die Wünsche unseres Körpers nicht mehr – oder wir ignorieren sie. Die Darmreinigung kann hier endlich die Wende bringen, ähnlich wie ein regelmäßiger Kundendienst beim Auto.

Der Darm – unser zweites Gehirn

Der entscheidende Unterschied jedoch ist, dass ein Motor kein lebendiger Organismus ist, der Darm hingegen schon. So findet man nach dem Gehirn die zweitgrößte Ansammlung von Nervenzellen im menschlichen Organismus rund um den Darm herum. Man bezeichnet den Darm daher sogar auch als das zweite Gehirn des Menschen.

Wird der Darm von diesem Gesichtspunkt aus betrachtet, er einen derart hohen Stellenwert hat, drängt sich erneut die Frage auf, warum wird ihm dann von der Schulmedizin so wenig Aufmerksamkeit gezollt? Warum wird das Reinigen des Darms kaum in eine Therapie mit einbezogen, wenn sie doch derart positive Auswirkungen hat? Eugen Roth´s weiser Vers wird also immer nachvollziehbarer und einleuchtender. Er reimte die mittlerweile berühmten Zeilen:

Was bringt den Doktor um sein Brot? (a) die Gesundheit und (b) der Tod. Drum hält der Arzt, auf dass er lebe, uns zwischen beidem in der Schwebe.

Und genau in diesem Schwebezustand zwischen Gesundheit und Tod treffen wir heute viele unserer Mitmenschen an oder befinden uns womöglich selbst schon mit einem Bein im Grab.

Wenn Sie das nächste Mal im Wartezimmer eines Arztes sitzen, dann nutzen Sie die Zeit dort einmal nicht für die abgegriffenen Magazine, sondern machen Sie eine Umfrage unter den Anwesenden. Bringen Sie in Erfahrung, wer von den Dahinsiechenden schon einmal eine gründliche Darmsanierung durchführte oder auch nur, wer über diese Möglichkeit der Gesundheitsvorsorge und Selbstheilung Bescheid weiß.

Leider sind die meisten Menschen inzwischen von ihrem eigenen Körper meilenweit entfernt. Sie zeigen keinerlei Interesse daran, sich mit ihren Organen und schon gar nicht mit ihren Ausscheidungen näher zu beschäftigen.

Diese Ignoranz ist für den heute schon normalen, modernen Siechtumszustand vieler Menschen verantwortlich. Dabei bedarf es nur einer klitzekleinen Überwindung für den Anfang einer Kur zur Darmreinigung. Ist dieser gemacht und stecken Sie schließlich mitten im Prozess der Darmreinigung, dann wird Sie die Begeisterung übermannen. Die Begeisterung aufgrund dieses plötzlichen Gefühls von Leichtigkeit, von Frische, von überschäumender Energie und Lebensfreude.

Eine Darmreinigung, die sie bequem zu Hause durchführen können, enthält ausschließlich natürliche Darmreinigungsmittel in Form von Quell- und Bindemitteln sowie nützlichen Darmbakterien zum Aufbau der Darmflora.

Eine Darmreinigung sollte mindestens einmal, anfangs besser zweimal jährlich durchgeführt werden, denn sie zählt zu den elementarsten Grundlagen unserer Körperpflege und damit zur Gesunderhaltung unseres einzigen Körpers, den wir für dieses Leben zur Verfügung haben. Geben Sie Ihrem Körper, wonach er sich sehnt, und er wird Ihnen das geben, wonach Sie sich sehnen.

Ernährung

Unheilbare Krankheiten entwickeln sich über Jahre und Jahrzehnte hinweg als Folge einer Kombination von:

- Ungesunder Ernährung (tierische Eiweiße, ungesunde Fette, Getreideprodukte wie Back - und Nudelwaren, Fertiggerichte mit synthetischen Lebensmittelzusätzen wie Konservierungs- und Farbstoffen, Aromen, Geschmacksverstärker usw.), die zu einer Übersäuerung des Organismus führt.
- Mineralstoffmangel
- Missbrauch von Genussgiften (Koffein, Alkohol, Zucker usw.)
- Stress und einem unharmonischen Seelenleben und
- mangelnder Bewegung und/oder falscher Belastung

In manchen Ernährungstherapien, die den Patienten gelegentlich bei einer Krankheit nahegelegt werden, stehen Schweinefleisch, Schweinefett und Wurst auf der Abschussliste ganz oben, dicht gefolgt von

Nikotin, Alkohol, Weißmehlprodukten und Zucker. Diese Produkte sollen weitgehend gemieden werden, heißt es. Die Wahrheit aber ist, dass nicht einmal die komplette Meidung dieser Nahrungs- und Genussmittel besonders hilfreich ist, wenn man ansonsten alles beim Alten belässt.

Eine wirksame Ernährungstherapie umfasst viel mehr und muss vor allem konsequent und ausnahmslos durchgeführt werden. Anfangs mag das Verzicht bedeuten. Die Überwindung von Gewohnheiten und Süchten kostet viel Energie, der langfristige Gewinn aber ist ungleich größer: Schmerzfreiheit, Unabhängigkeit von Medikamenten, umfassende Gesundheit und neues Lebensglück.

Bei der Verstoffwechselung von ungesunder Ernährung und insbesondere auch von Medikamenten entstehen im Blut und im Gewebe giftige Säuren. Gesundes Blut aber ist leicht basisch (also das Gegenteil von sauer) und muss auch immer leicht basisch bleiben. Andernfalls stirbt der Mensch. Also legt der Körper alle Anstrengung an den Tag, um die entstehenden Säuren mit Hilfe von basischen Mineralien wie zum Beispiel Kalzium zu neutralisieren. Erst dann kann er sie – wenn der Körper gesund ist – über die Ausscheidungsorgane wieder hinaus befördern.

Wenn mit der Nahrung jedoch zu wenige Mineralien im Organismus eintreffen – was mit der heute üblichen vitalstoffarmen Ernährung meistens der Fall ist – muss der Körper Mineralien zum Beispiel aus den Knochen verwenden, um der Säureflut Herr zu werden. Wenn die Ausscheidungsorgane aufgrund der übermäßigen Säuremenge überlastet sind, können die neutralisierten Säuren (Schlacken) nicht mehr ausgeschieden werden. Sie werden im Körper eingelagert.

Als Lagerstätte dienen das Bindegewebe, die Blutgefäße und mit schöner Regelmäßigkeit die Gelenke. Die Schlacken stören den Stoffwechsel im Gelenk und der Körper versucht sie auszuscheiden. Das macht er mit Hilfe von Entzündungen. Leider wird er bei der Masse der vorhandenen und immer wieder neu eintreffenden Schlacken nie wieder Herr der Lage. Eine chronische Unterversorgung mit lebenswichtigen Mineralstoffen verhindert ferner den Neuaufbau z. B. des Knorpels. Die Gelenkknorpelmasse wird weniger und weniger.

Nach einer gründlichen Entsäuerung und bei anschließender säurearmer, also konsequent basischer Ernährung, die außerordentlich reich an Mineralstoffen ist, kann sich der Gelenkknorpel - entgegen sämtlicher Behauptungen - wieder regenerieren!

Gleichzeitig mit dem Beginn der Ernährungsumstellung führt man eine grundlegende Entsäuerung durch (zum Beispiel eine Entsäuerungskur), um die eingelagerten Schlacken und Stoffwechselgifte rasch auszuscheiden und den Organismus mit den nötigen Mineralstoffen zu versorgen.

Die Praxis besteht aus zwei wesentlichen Punkten:

1. Entsäuerung, Entschlackung
2. Basische Ernährung

Entsäuerung

Die Entsäuerung ist der allererste Schritt. Sie packt das Übel bei der Wurzel, schafft also die ursächliche Problematik aus der Welt. Der gesamte Körper wird mit Hilfe einer Entsäuerung von Stoffwechselrückständen und möglichen eingelagerten Giftstoffen befreit. Da Krankheiten das Ergebnis einer jahrelangen Übersäuerung und Überlastung des Organismus ist, wundert es nicht, wenn allein ein Basenpulver kaum zu einer wirklichen Entsäuerung beitragen kann. Das Entsäuerungsprogramm muss spezielle Kriterien erfüllen, um das avisierte Ziel - die effektive Entsäuerung und erfolgreiche Entschlackung - auch tatsächlich zu erreichen.

Das Entsäuerungsprogramm darf nicht nur den Extrazellularraum entsäuern, sondern muss auch das Zellinnere entsäuern können - und zwar auch dann, wenn die Zelle aufgrund starker Übersäuerung nicht mehr in der Lage ist, sich selbst zu entsäuern und basische Mineralstoffe aufzunehmen. Bei einem solchen Zustand spricht man von der Reaktionsstarre der Zelle. Ein hochwertiges Entsäuerungsprogramm muss Komponenten enthalten, die diese Reaktionsstarre aufheben kann und die Zelle wieder in einen gesunden selbstregulativen Zustand versetzt.

Das Entsäuerungsprogramm sollte den Organismus zu einer Entsäuerung auf verschiedenen Ebenen motivieren. Nur auf eine derart vielfältige Weise kann effektiv und umfassend entsäuert werden:

Entsäuerung ...

- über die Haut mit Hilfe von Basenbädern.
- mit Hilfe von Bitterstoffen. Bitterstoffhaltige Kräuter sind erstens basisch. Zweitens regen sie die körpereigene Basenproduktion an und drittens fördern sie die Verdauung, wodurch Säuren schneller ausgeschieden werden können.
- im Verdauungssystem mit Hilfe von Bentonit. Bentonit ist ein hervorragender Entgifter. Die Mineralerde resorbiert im Darm Säuren, Toxine, Gase, Stoffwechselrückstände und schädliche Bakterien.

Das Entsäuerungsprogramm soll jedoch nicht nur entsäuern, sondern auch ausreichend leicht verwertbare basische Mineralstoffe liefern (zum Beispiel Sango Meeres Koralle), um die körpereigenen Mineralstoffreserven wieder aufzufüllen. Nur so kann sich jede einzelne Zelle mit allen Mikronährstoffen versorgen, die sie benötigt, um ihren wiedergewonnenen basischen Zustand auch langfristig aufrechterhalten zu können.

Das Entsäuerungsprogramm wird bekanntlich von einer basischen Ernährung begleitet. Wer neu in die basische Ernährung einsteigt, muss sich oft langsam an die so ganz andere Ernährungweise gewöhnen.

Das Entsäuerungsprogramm entsäuert nicht nur, es entgiftet nicht nur und es versorgt auch nicht nur mit basischen Mineralstoffen. Das Entsäuerungsprogramm kümmert sich auch um den Zellschutz, damit die lange Zeit übersäuerte und infolgedessen gestresste Zelle vor freien Radikalen geschützt bleibt. Antioxidantien, wie Astaxanthin erfüllen diesen Job mit Bravour. Ihre Lebensaufgabe ist die Eliminierung von schädlichen freien Radikalen. Je mehr Antioxidantien im Organismus eintreffen, umso besser geschützt sind die Zelle, das Gelenk und der Knorpel. Allerdings sollten Antioxidantien ausschließlich über eine gesunde

Nahrung oder über ganzheitliche Nahrungsergänzungsmittel und nie in Form von künstlich hergestellten und isolierten Vitaminen aufgenommen werden.

Das Entsäuerungsprogramm sollte sich als letztes Kriterium auch um die vollwertige Ernährung der Zelle kümmern. Eine Entsäuerung kostet die Zelle viel Energie und Vitalstoffe. Infolgedessen schafft nur eine optimal ernährte Zelle den Kraftakt der Entsäuerung. Eine optimale Zellnahrung liefert beispielsweise die Mikroalge Spirulina. Spirulina ist reich an Vitaminen, Spurenelementen, sekundären Pflanzenstoffen, Chlorophyll und hochwertigen Proteinen und sorgt daher für rundum wohlgenährte Zellen.

Das Entsäuerungsprogramm sollte mindestens vier Wochen lang durchgeführt werden.[3] Danach ernähren Sie sich im Basenüberschuss.

Im Laufe der Ernährungstherapie werden Sie ihr eventuell vorhandenes Übergewicht automatisch abbauen und mit Leichtigkeit Ihr Idealgewicht erreichen. Selbstverständlich können Sie sich nun parallel zur Ernährungstherapie physikalische

3 Plan in Teil 2

Therapien (zum Beispiel Massagen) oder Bewegungstherapien gönnen. Sie stärken die Muskulatur, verbessern die Beweglichkeit und stützen dadurch die Gelenke. Zuvor empfiehlt sich eine Dorn-Therapie, damit die Lage aller Wirbel überprüft und optimiert sowie ein möglicher Hüftschiefstand ausgeglichen werden kann. Auch ist es jetzt möglich, spezielle Aufbauprodukte einzunehmen.

Ein neuer Mensch

Vielleicht ist hier der Begriff *Ernährungstherapie* missverständlich gewählt, denn im Grunde handelt es sich nicht um eine zeitlich begrenzte Aktion, sondern um eine neue Lebensphilosophie. Wenn Sie im Laufe der Ernährungstherapie spüren, wie der ganze Organismus förmlich aufatmet, wie er ungeahnte Kräfte mobilisiert, um wieder gesund zu werden, dann lehnen Sie irgendwann automatisch all jene Produkte und Gerichte ab, die nach einem kurzen Gaumenkitzel Ihrem eigenen Körper direkten und tiefgreifenden Schaden zufügen. Die Ernährungstherapie macht aus Ihnen einen vollkommen neuen und rundum bewussten Menschen. Beginnen Sie am besten noch heute!

Gesunde Ernährung

Jeder kann frei entscheiden, wie er sich ernährt und hat damit großen Einfluss auf seine Gesundheit. Nur weiß eigentlich keiner so genau, was gesunde Ernährung in Wirklichkeit ist. Und gleichzeitig werden immer wieder dieselben zwei Ammenmärchen erzählt: Erstens: die übliche Ernährung sei ideal für den Menschen oder zweitens: dass Ernährung mit Gesundheit nicht viel zu tun habe.

Was für ein Blödsinn! Keine Gesundheit ohne gesunde Ernährung!

Der weit verbreitete schlechte Gesundheitszustand der Menschen zeigt aber das genaue Gegenteil, nämlich, dass erstens die übliche Ernährung offenbar doch nicht ideal ist und dass zweitens vollständige Gesundheit ohne eine gesunde Ernährung so gut wie unmöglich ist. Was aber ist gesunde Ernährung nun tatsächlich?

Nun gibt es bekanntlich eine Menge unterschiedlichster Ernährungsarten und Diätformen, die als außergewöhnlich gesund oder gar als heilkräftig bezeichnet werden. Blutgruppendiät, Glyx-Diät, metabolische Diät, Ernährung nach Fit for Life, Ayurvedische Ernährungsweise, Trennkost, Ernährung nach den fünf Elementen, vegane Ernährung und unendlich viele mehr.

Wollten Sie herausfinden, welche dieser existierenden Ernährungsformen nun die einzig richtige ist, dann würden Sie dieses und mindestens zehn weitere Leben allein mit dem Studium derselben verbringen. Doch letztendlich wüssten Sie noch immer nicht, welche Ernährungsweise richtig und vor allen Dingen gesund ist.

Im Grunde müssen Sie zwei Dinge tun, um herauszufinden, was gesunde Ernährung ist. Erstens ein Weilchen nachdenken. Und zweitens sollten Sie das ganz objektiv tun. Vergessen Sie dabei Ihre persönlichen kulinarischen Vorlieben, vergessen Sie Ihre Gewohnheiten und vor allem vergessen Sie alles (oder wenigstens das meiste), was Sie bisher über Ernährung gelesen und gehört haben.

Gesunde Ernährung ist die optimale Ernährungsweise. Eine Ernährungsweise, die dem Organismus das gibt, was er braucht. Eine Ernährungsweise, mit der man – wenn man krank ist – gesund wird und – wenn man gesund ist – dauerhaft gesund bleibt. Diese Ernährungsweise möchte ich Ihnen hier beschreiben – und zwar kompromisslos.

Kompromisse gehen Sie sicher früher oder später selber ein. Wenn Sie klug sind, jedoch nur in einem Maße, den Ihr Körper in seinem Gesundheitszustand auch verkraften kann. Solange Sie aber nicht wissen, was wirklich gesunde Ernährung ist, weil Sie von allen Seiten immerfort mit Kompromissen oder sogar falschen Behauptungen abgespeist werden, dann können Sie auch nicht entscheiden, inwieweit Sie sich an die Regeln wirklich gesunder Ernährung halten und inwieweit Sie sich davon entfernen möchten.

Die einfachste Methode, um zu entscheiden, ob dieses oder jenes Lebensmittel und ob diese oder jene Zubereitungsart zu einer gesunden Ernährung gehört, besteht darin, sich zu überlegen, ob es dieses oder jenes Produkt ohne die Hilfe der Lebensmittelindustrie geben würde. Wenn nein, dann wird es gemieden oder so zubereitet, dass es gesund wird.

Nehmen wir beispielsweise Chips aus Kartoffeln. Hier fällt die Entscheidung nicht sehr schwer. Chips werden industriell hergestellt. Wenn man Glück hat, handelt es sich um Kartoffelscheiben, oft genug jedoch ist es Kartoffelpulver, das in Scheibenform gepresst, mit billigem Fett frittiert, mit Farbstoffen *verschönert* und mit Geschmacksverstärkern versetzt wurde. Kartoffelchips, wie sie im Supermarkt verkauft werden, gäbe es ohne die Lebensmittelindustrie nicht, weshalb sie auch nicht zu einer gesunden Ernährung gehören.

Wenn Sie jedoch biologisch angebaute Kartoffeln in Scheiben schneiden und bei niedrigen Temperaturen selbst trocknen oder im Backofen backen, anschließend mit hochwertigem Pflanzenöl[4] beträufeln, mit Ursalz, Paprikapulver und Kräutern würzen und frisch verzehren, dann können diese Kartoffelchips *Marke Eigenbau* Bestandteil einer gesunden Ernährung sein.

Besonders hilfreich ist es auch, wenn wir zur Entscheidung, was nun zu gesunder Ernährung gehört und was nicht, unsere nächsten Verwandten aus dem Tierreich - die Schimpansen - zu Rate ziehen.

Tiere wissen instinktiv, was gesunde Ernährung ist.

Viele Menschen vergleichen sich

---

4 siehe Kapitel Gesunde Fette

ungern mit Tieren. Doch während Affen, und mit ihnen alle anderen Tiere, instinktiv wissen, was ihre richtige und gesunde Ernährung ist, wissen Menschen das schon längst nicht mehr. Sie haben ihren Instinkt für gesunde Ernährung verloren. Im Tierreich gibt es übrigens - soweit wir Menschen das beurteilen können – keine ernährungswissenschaftlich tätigen Individuen. Jedes Tier ernährt sich seiner Art und seiner Veranlagung entsprechend, ohne dazu irgendeinen Experten konsultieren zu müssen.

So wurde bislang noch kein Bussard gesichtet, der Früchte schmausend im Apfelbaum saß. Auch fehlen Augenzeugenberichte, nach denen Wölfe äsend über Wiesen streifen. Jedes Tier bleibt der natürlichen Nahrung seiner Art treu. Dass es sich dabei gleichzeitig um gesunde Ernährung handeln muss, zeigt der – bei reichem Nahrungsangebot – tadellose Gesundheitszustand dieser Tiere.

Bei wildlebenden Tieren konnte bislang keine einzige der typischen Zivilisationskrankheiten diagnostiziert werden, mit denen sich der Mensch herumärgern muss. Es gibt weder übergewichtige Löwen noch Wölfe mit kariösem Gebiss und auch keine Kaninchen mit Heuschnupfen.

Offenbar zeigt uns der Körperbau eines Wesens ganz genau, was seine artgerechte und gesunde Ernährung ist. Wenn wir jetzt den Menschen näher betrachten, dann kann er selbstverständlich seinen Appetit auf tierisches Eiweiß ohne große Probleme mit knackigen Käfern und fetten Maden stillen.

Für die Jagd auf Nieder- oder gar auf Großwild fehlt ihm jedoch das nötige natürliche Equipment. Er hat weder den dafür nötigen Geruchssinn noch kann er die erforderliche Geschwindigkeit erreichen. Er sieht nachts nicht sonderlich gut und hat nicht einmal eine spitze Schnauze mit Reißzähnen drin.

Er ist also kein ausgesprochener Fleischfresser wie der Wolf, der in großen Sätzen sein Abendessen verfolgen, ihm schließlich in den Nacken springen und es mit einem gezielten Genickbiss niederstrecken kann. Darin stimmen die meisten Menschen mit mir überein.

Ich vermute, die Menschen möchten eher ein Allesfresser, wie etwa das Schwein sein. Wenn man ihren täglichen Speiseplan betrachtet wird dies sehr deutlich. Sie möchten von ihren geliebten Ernährungsgewohnheiten kein Stück abrücken und halten sich daher krampfhaft an der Vorstellung fest, sie seien nun einmal ein Allesfresser. Doch wurden diese selbst ernannten Allesfresser nicht als Allesfresser geboren, also von der Natur nicht zum Allesfresser bestimmt.

Verwunderlich, dass es an dieser Stelle den Menschen auch nichts auszumachen scheint, sich selbst mit dem Schwein ins selbe Boot zu setzen. Schweine, die man zur Fleischversorgung von Lazaretten hielt, bekamen in Kriegszeiten – quasi zur Futtereinsparung - die mit Blut und Eiter voll gesaugten Verbände verfüttert. Sie fraßen sie begeistert. Möchten Sie noch immer ein Allesfresser wie das Schwein sein?

Warum suchen wir uns – um herauszufinden, aus was die natürliche und gesunde Ernährung des Menschen zu bestehen hat – nicht lieber ein Tier aus, das eine gewisse Ähnlichkeit mit dem Menschen hat? Zwar hat der Mensch kein Ganzkörperfell und kein rundes Schnäuzchen, dennoch ähnelt er – zumindest in den meisten Fällen – einem Schimpansen deutlich mehr als einem Schwein.

Die Verdauungsorgane eines Schimpansen sind identisch mit den unseren. Unser Gebiss ähnelt keinem anderen Säugetiergebiss so sehr wie dem des Schimpansen. Wir können also davon ausgehen, dass die Ernährung des Schimpansen für uns deutlich geeigneter ist als diejenige eines Wolfes oder eines Schweines.

Was bedeutet das für uns Menschen?

Ein wildlebender Schimpanse ernährt sich insbesondere von zwei Hauptnahrungsmitteln. Zu 50 Prozent von Wildfrüchten und zu etwa 40 Prozent von Blättern, Wildpflanzen und Blüten. Die übrigen 10 Prozent bestehen zum Großteil aus Samen, Rinden und Pflanzenmark und zu einem sehr kleinen Teil aus Insekten, Eiern und kleinen Säugetieren.

Übersetzt man die Schimpansennahrung nun in Menschennahrung, dann ergibt das die folgende Zusammensetzung:

50 Prozent Früchte

40 Prozent grünes Blattgemüse, Kräuter und Wildpflanzen

8 Prozent Nüsse und Ölsaaten

2 Prozent Fleisch

Vermissen Sie etwas in der Aufzählung? Natürlich trinken Schimpansen keinen Wein, falls es das war, was Ihnen als erstes einfiel. Auch Kaffee und Schokolade fehlen. Doch geht es an dieser Stelle in erster Linie um zwei Grundnahrungsmittel des modernen Menschen, die in der gesunden Ernährung des Schimpansen vollkommen fehlen.

Zwei Grundnahrungsmittel, mit deren Erzeugung sich ein Großteil aller weltweit tätigen Landwirte befasst. Schimpansen essen kein Getreide und trinken keine (Kuh-)Milch. Sie essen also weder Brot, Kuchen, Nudeln, Pizza, Kekse, Frühstücksflocken usw. noch Käse, Sahne, Butter, Pudding, Joghurt usw. Und Fleisch, mit dessen Zucht und Verarbeitung sich in der Menschenwelt ein weiterer Großteil der Landwirte abmüht, wird nur in sehr kleinen Mengen verzehrt.

Blutgruppendiät

Die Blutgruppendiät verbessert Ihren Gesundheitszustand!

Falls Sie jemals von der Blutgruppendiät gehört haben, wissen Sie auch jetzt, warum sich so viele Menschen damit besser fühlen als zuvor. Ganz einfach: Je nach Blutgruppe soll man entweder Milchprodukte oder Produkte aus Weizen oder solche aus Fleisch oder gar zwei dieser Lebensmittelgruppen meiden.

Wer das macht, erfährt bald eine deutliche Besserung seines Gesundheitszustandes. Das ist ganz logisch, weil er plötzlich etwas nicht mehr isst, das gar nicht zur gesunden Ernährung des Menschen gehört hatte und stattdessen viel Obst und Gemüse empfohlen bekam. Würden Sie bei noch mehr Obst und Gemüse künftig alle drei Gruppen, also Milch, Fleisch und Weizen links liegen lassen, dann würden Sie sich – übrigens völlig einerlei, welcher Blutgruppe Sie nun angehören – noch viel besser fühlen.

Getreide

Getreide gehört zwar schon seit etwa 10.000 Jahren zur Ernährung des Menschen, doch wird es allein durch diesen Zeitfaktor nicht automatisch zu einem gesunden Bestandteil der Ernährung. Betrachtet man außerdem jene Zeitspanne in der Geschichte des Menschen, die er ohne Getreide zugebracht hat (etwa 2,5 Millionen Jahre), so ist diese ungleich länger.

Getreide ist eine praktische Angelegenheit, um möglichst viele Menschen schnell satt zu bekommen. Es wird heutzutage in großen Mengen mit Hilfe von Maschinen, Agrogiften und Kunstdüngern produziert und nach der Ernte zum großen Teil in stärkereiche Auszugsmehle verwandelt, womit es zu einer lagerfähigen, aber gleichzeitig völlig wertlosen Konserve geworden ist. Aus diesen Mehlen werden Backwaren und Fertiggerichte aller Art hergestellt. Sie machen satt, und gleichzeitig krank.

Dann und wann ein bisschen Getreide oder Brot wäre nicht weiter tragisch, aber die übliche Ernährung besteht zu einem Großteil aus Getreide und Getreideprodukten, die bei hohen Temperaturen verarbeitet und außerdem mit einer Menge künstlicher Zusätze versetzt wurden (zum Beispiel bei Brot: Backhilfsmittel, Antischimmelmittel, Phosphate, Mehlbehandlungsmittel, Farbstoffe, Aromen, usw.). In diesem Zustand und in den heute üblichen Mengen gehört Getreide nicht zu einer gesunden Ernährung.

Ein weiterer Nachteil von Getreideverzehr ist: Je mehr Getreideprodukte gegessen werden, umso eher wird auf Gemüse und Salate verzichtet. Da Getreide aber deutlich weniger Vitalstoffe enthält als Gemüse und Salate, sorgt ein üppiger Getreideverzehr dauerhaft zu einer Mangelernährung.

Geringe Mengen gekeimten Getreides hingegen und daraus hergestellte Brote, Müslis, Suppen usw. können eine gesunde Ernährung durchaus ergänzen. Dabei wählt man Getreidesorten (aus biologischem Anbau), die nicht derart stark überzüchtet wurden (z. B. Dinkel, Emmer, Einkorn, Wildroggen oder auch Gerste).

Artspezifische Milch

Artspezifisch bedeutet: Katzenmilch ist dazu da, Katzenbabys so lange zu ernähren, bis sie selbständig Mäuse fressen und verdauen können. Menschenmilch ist dazu da, Menschenbabys so lange zu ernähren, bis sie selbständig Früchte und Gemüse essen und verdauen können. Und Kuhmilch ist dazu da, Kälber so lange zu ernähren, bis sie selbständig Gras und Kräuter fressen und verdauen können.

Es ist immer wieder erstaunlich, wie hartnäckig viele erwachsene Menschen darauf bestehen, sich zeitlebens (und dann auch noch von einer Kuh) stillen zu lassen. Als in alten Zeiten noch die rohe Milch der eigenen freundlich behandelten und natürlich ernährten Kuh oder Ziege frisch oder gesäuert getrunken wurde, mag das unter Umständen nicht so tragisch gewesen sein.

Heutzutage jedoch gibt es Rohmilch natürlich gehaltener Kühe so gut wie überhaupt nicht mehr. In manchen Ländern ist Handel mit unbehandelter Rohmilch sogar verboten. Jene Milch, und alle daraus hergestellten Milchprodukte, die Sie heute in den Supermärkten kaufen können, ist kein

Lebensmittel, sondern ein echtes, aber glücklicherweise vermeidbares Gesundheitsrisiko[5].

5 siehe Quellenverzeichnis

Fleisch

Meiner Meinung nach wurde der Mensch erst zum Jäger, als er in unwirtliche Regionen abwanderte. Kälte und Hunger ließen ihn erfinderisch werden. Er entwickelte Jagdspeere und Fallen und entdeckte die Wärme des Feuers. Fleisch, insbesondere das von größeren Tieren war für den Menschen also eine Notnahrung, die ihm half, in Eis und Schnee zu überleben.

Seltene Fleischmahlzeiten – so wie der Schimpanse das handhabt – sind sicher kein Beinbruch. Allerdings sollte es sich um Fleisch bester Qualität handeln, welches Sie – wenn Sie nicht selbst unter optimalen Bedingungen Tiere halten – nur noch schwer finden werden. Kaufen Sie Fleisch immer direkt vom Erzeuger. Nur so können Sie sicher sein, dass die Tiere wirklich artgerecht gehalten, gefüttert und – wenn es dann soweit ist - schnellstmöglich, ohne größere Irrfahrten durch halb Europa, getötet werden.

Erkundigen Sie sich nach Höfen, die noch oder wieder alte Landrassen halten. Tiere alter Landrassen sind besonders robust, widerstandsfähig und an die Haltung im

Freiland hervorragend angepasst. Sie suchen sich ihr Futter oft selbst und benötigen kaum Kraftfutter. Zwar wachsen sie daher langsamer als ihre hochgezüchteten Kollegen, doch ist ihr Fleisch aus diesem Grunde auch weit geschmackvoller und gesünder, beziehungsweise weniger schädlich, als das der modernen Hybridrassen. Dennoch sollte Fleisch nur ein sehr kleiner Teil Ihres Speisezettels ausmachen, da seine Nachteile deutlich überwiegen.

Der Mensch ist das einzige Lebewesen, das kocht! Alle anderen Tierarten verzehren ihre Nahrung frisch und roh. Niemals würde man einem Löwen im Zoo gebratene Steaks servieren. Niemals bekäme ein Zebra gedünstetes Gras. Und bei den Menschenaffen? Sie sind uns so ähnlich, warum erhalten sie nicht Suppe, Braten, gekochtes Gemüse und Apfelstrudel mit Vanillesoße, so wie wir? Warum erhalten sie Früchte, Blätter und rohes Gemüse?

Nun, weil übergewichtige, zahnlose und vor rheumatischen Schmerzen stöhnende Tiere mit schuppigem, lichten Fell und Fruchtbarkeitsstörungen nicht gerade ein Publikumsmagnet wären. Die Besucher möchten athletische Tiere mit glänzendem

Fell, kräftigem Gebiss und mühelos fließenden Bewegungen sehen. Das aber ist nur möglich, wenn die Tiere frische Rohkost erhalten. Andernfalls werden sie unansehnlich, krank und altern schnell. So wie die Menschen.

Rohkost aus Sicht der Wissenschaft

Eigentlich ist es absurd, Argumente **für** eine natürliche gesunde Ernährung liefern zu müssen. Leider fällt es vielen Menschen schwer, sich für eine Sache zu entscheiden – ganz egal, wie logisch sie zu sein scheint - wenn es keine wissenschaftlichen Anhaltspunkte dafür gibt.

Da die Hauptsponsoren für wissenschaftliche Arbeiten, Mitglieder der Pharma- und Lebensmittelindustrie, keinerlei Interesse daran haben, dass irgendjemand mit Hilfe von wirklich gesunder Ernährung gesund und munter wird, spart man sich die Forschungen auf diesem Gebiet. Eine interessante Untersuchung zum Thema Rohkost führte Dr. Robert Young durch:

Die Schwingungsfrequenz lebendiger Lebensmittel

Lebensmittel, die gekocht, gebacken oder anderweitig über 40 bis 50 Grad erhitzt wurden, verlieren größtenteils ihre Lebenskraft. Viele Vitamine werden zerstört, Eiweiße und gesunde Fette werden denaturiert und Enzyme vernichtet.

Im Laufe seiner Forschungen maß der Mikrobiologe Dr. Robert Young die Schwingung von bestimmten Lebensmitteln (in Megahertz) und verglich diesen Wert mit demjenigen gesunder Organe in einem gesunden Menschen. Dabei stellte er fest, dass die Schwingungsfrequenz gesunder Organe bei 70 Megahertz, die von Krebsgewebe bei 40 Megahertz lag.

Dr. Young entdeckte, dass eine Zelle langsam zu sterben begann, sobald ihr Wert unter 40 Megahertz rutschte. Hühnerfleisch und Hamburger hatten einen Wert von 3 bis 5 Megahertz. Bei frischem grünen Gemüse wie Brokkoli, Sprossen und Blattgemüse maß Dr. Young mindestens 70 Megahertz, sodass diese lebendigen **Lebens**mittel einen gesunden Organismus weitaus besser gesund erhalten oder heilen können als Hühnerfleisch und Hamburger. Denn: Was keine Lebenskraft besitzt, kann auch keine Lebenskraft an Sie weitergeben.

Also gilt, je mehr frische und naturbelassene Früchte, Salate und Gemüse Sie in Ihre Ernährung einbauen, umso mehr Kraft und Energie kann in jede einzelne Ihrer Zellen fließen und umso lebendiger werden Sie sich schließlich fühlen.

Wenn Sie an die gesunde Ernährung der Schimpansen zurückdenken und diese jetzt mit der üblichen Ernährungsweise des modernen Menschen vergleichen, was fällt da noch auf? Was fressen Schimpansen in großen Mengen? Grüne Blätter und Grünpflanzen. Was essen moderne Menschen bestenfalls in winzigen Mengen? Grüne Blätter und grünes Blattgemüse. Wer hüpft gesund von Baum zu Baum? Die Schimpansen. Wer leidet an einem ganzen Lexikon voller chronischer und akuter und die Lebensqualität deutlich beeinträchtigender Krankheiten? Der moderne Mensch.

Grüne Pflanzen enthalten grünen Pflanzensaft: Chlorophyll.

Chlorophyll ist das Blut der Pflanzen. Chlorophyll unterscheidet sich von unserem roten Menschenblut lediglich durch ein einziges Element. Während das Chlorophyll-Molekül Magnesium in seiner Mitte trägt, sitzt im Zentrum des Menschenblut-Moleküls Eisen. Mit frischen grünen Pflanzen können Sie innerhalb weniger Wochen ihr Blut in Blut von Spitzenqualität verwandeln.

Blut ist unser wichtigstes Organ. Laut Dr. Young werden aus Blutzellen alle anderen Körperzellen aufgebaut: Hautzellen, Knochenzellen, Leberzellen, Darmzellen usw. Leider - so sagt er - habe nur jeder 100.000ste Mensch gesundes Blut. Doch nur wer gesundes Blut hat, kann auch einen gesunden Körper aufbauen.

Und so hängt nicht nur die Qualität Ihres Blutes, sondern die Ihres gesamten Körpers von der Menge und Qualität der von Ihnen verzehrten grünen Pflanzen ab. Praktischerweise ist Pflanzenblut nicht nur der König aller Blutbaustoffe, sondern gleichzeitig eines der basischsten und energiereichsten Lebensmittel überhaupt. Grüne Pflanzen enthalten alles, was wir benötigen und nichts, was überflüssig oder schädlich wäre.

Grüne Pflanzen können Sie in Form von Blattsalaten oder grünem Blattgemüse wie Spinat, Mangold, Grünkohl, Petersilie oder dem Blattgrün von Kohlrabi, Radieschen oder Rettichen zu sich nehmen. Letzteres ist weitaus vitalstoffreicher als die Knolle beziehungsweise Wurzel selbst. Das Nonplusultra in Sachen Mineralien- und Vitalstoffreichtum sind Wildpflanzen.

Keine Kulturpflanze kann es mit der Kraft und Lebensenergie einer Wildpflanze aufnehmen. Denken Sie an bekannte, fast unausrottbare «Unkräuter» wie Löwenzahn, Giersch, Brennnessel oder Weißer Gänsefuß. Wenn Sie diese Pflanzen in Ihren Speiseplan einbauen, strömt deren unendliche Kraft und unermüdliche Lebensenergie in Sie, bis Sie selbst unausrottbar wie diese Pflanzen geworden sind.

Wenn Sie an manchen Tagen keine Zeit für die Zubereitung frischer grüner Gemüse haben, dann können Sie sich ersatzweise einen Drink aus Bio-Weizengras-Pulver gemixt mit einem frisch gepressten Fruchtsaft Ihrer Wahl zubereiten. Auf diese Weise braucht Ihr Körper nie auf Chlorophyll verzichten - den wichtigsten Blutnährstoff und Träger des Sonnenlichts.

Die Praxis der gesunden Ernährung

Die übliche Ernährung zeichnet sich durch zwei Merkmale aus:

- **Sie enthält zu viele schädliche Dinge und**
- **Sie enthält zu wenig nützliche Dinge und ist daher eine Mangelnahrung.**

Der erste Schritt zu einer gesunden Ernährung wird also schon allein dadurch praktiziert, indem man gesunde Dinge zu sich nimmt. Der zweite Schritt besteht in der Auswahl nützlicher Dinge.

Was ist bei gesunder Ernährung zu meiden?

- Ungekeimtes Getreide, erhitztes Getreide und Produkte daraus
- Milch und Milchprodukte
- Zucker, Zuckeraustauschstoffe und Süßstoffe
- Lebensmittelzusatzstoffe (vor allem in Fertiggerichten)
- Knabberware wie z. B. Chips, Kekse usw.
- Fleisch, Fisch und Produkte daraus
- Minderwertige Öle und Fette
- Obst und Gemüse aus konventioneller Landwirtschaft
- Kochsalz
- Alkohol und Koffein

Was gehört zu gesunder Ernährung?

- Biologische Lebensmittel
- Wildfrüchte
- Wildpflanzen, Kräuter und Grünes Blattgemüse
- Algen (Braunalgen wie z. B. Hijiki oder Arame)
- Nüsse, Ölsaaten und gekeimte Samen
- Hochwertige pflanzliche Öle in geringen Mengen
- Reines Wasser und Kräutertees
- Meer-, Kristall- oder Steinsalz (Ursalz)

In der Umstellungsphase können Sie folgende Lebensmittel integrieren:

- Hirse und Quinoa ersetzen Teigwaren
- Sojaprodukte in Form von Tofu, Soja-Burger, Bratlingen, Aufschnitt und Würstchen ersetzen Fleisch und Wurst
- Hafer-, Reis-, Mandel- und Haselnussdrink ersetzen Milchprodukte
- Kokosblütenzucker und Xilit ersetzt Zucker

Eine solche Ernährung ist automatisch eine basische Ernährung.

In aller Kürze heißt das, eine gesunde Ernährung kommt ohne Fleisch, Milch, Zucker und mit wenig Getreide aus. Stattdessen gibt es mehr Obst, Gemüse und Salate, wobei grünes Blattgemüse besonders wichtig ist. Wann immer möglich, verzehrt man Lebensmittel frisch und naturbelassen. Außerdem wird soviel wie möglich selbst zubereitet. Wenn gekocht wird, dann nur kurz und schonend.

Wie setzt man das im Alltag um?

Wer schon beim Wort *Obst* mit dem Kopf schüttelt und ruft: «Das vertrage ich nicht!», sollte zwei Dinge in Betracht ziehen. Erstens wird Obst oft nicht vertragen, solange das Verdauungssystem voller *Altlasten* (Schlacken und Rückstände von jahrzehntelang verzehrter ungesunder Nahrung) ist.

Obst legt nie Besen und Kehrschaufel aus der Hand. Oder in anderen Worten: Obst hat die Angewohnheit, den Körper immer zu reinigen, was – wie sämtliche Reinigungsreaktionen des Körpers – zu vorübergehenden Unpässlichkeiten führen kann. Also ist nicht das Obst der Buhmann, sondern der alte Müll in Ihren Verdauungsorganen. In diesem Falle ist eine gründliche Darmreinigung unumgänglich.

Sobald der Darm sauber ist, wird Obst plötzlich wieder perfekt vertragen und problemlos verdaut. Zweitens muss beim Verzehr von Obst beachtet werden, dass Früchte sehr schnell verdaut werden. Innerhalb von 30 bis 45 Minuten passieren Sie den Verdauungstrakt. Essen Sie Obst als Dessert, wird's kritisch. Für die Verdauung von Fleisch,

Getreide, aber auch von Gemüse benötigt der Organismus viel länger. Da liegt nun der *langsame* Nudelauflauf im Magen und der flinke Apfel kommt nicht dran vorbei. Der Apfel beginnt zu gären. Und schon sind die Probleme da. Wäre der Apfel als Vorspeise verzehrt worden, hätte es diese Probleme nicht gegeben.

Wer nicht jeden Tag etwas Zeit für seine Gesundheit aufbringt, muss eines Tages sehr viel Zeit für die Krankheit opfern.

Die Natur ist die beste Apotheke.

Sebastian Kneipp

Basische Rezepte unterstützen die Entsäuerung

Basenpulver verleiten den Menschen dazu, auf Ernährungsfehler nicht einzugehen. Allgemein wird geglaubt, dass ein preiswertes, industriell hergestelltes Basenpulver - regelmäßig genommen - die Übersäuerungsprobleme von allein lösen wird. Das ist auf lange Sicht gesehen falsch.

Industrielle Basenpulver enthalten nicht alle natürlichen Mineralstoffe. Aus diesem Grund raten wir Ihnen, Ihre Ernährung zu überprüfen und gegebenenfalls zu verändern.

Basische Ernährung sollte Ihnen wichtig sein. Basische Lebensmittel üben eine besondere Wirkung auf Ihren Körper und auf Ihren Geist aus.

Entsäuern ist einer der wichtigsten Schritte auf dem Weg zur Gesundheit. Wie man den Körper richtig entsäuert, glaubt man längst zu wissen. Und doch bleiben die Erfolge nach manchen Entsäuerungskuren nicht selten aus. Der Grund: Viele Entsäuerungskuren entsäuern den Magen-Darm-Trakt. Sie entsäuern aber nicht das Gewebe und sie entsäuern schon gar nicht die Zelle selbst. Damit ist jetzt Schluss. Das basische Aktivwasser-Konzentrat Aktiv-Basen entsäuert richtig. Es macht aus kranken sauren Zellen schnell und erfolgreich gesunde basische Zellen.

Entsäuern gehört heute zum Lifestyle. Entsäuern ist unumgänglich. Wer modern lebt und isst, muss regelmäßig entsäuern. Fertiggerichte, Snacks, Softdrinks, Koffein, Nikotin und Alkohol gehören heute zum Alltag, übersäuern jedoch den Organismus. Ebenso übersäuern Umweltgifte, Schwermetalle und Gifte aus Textilien oder Baumaterialien. Stress, Mobbing und Streit bringen das Säurefass namens Mensch schließlich zum Überlaufen. Entsäuert wird infolgedessen viel und häufig, aber nicht richtig.

Entsäuern kann der Körper, aber nicht mehr aus eigener Kraft. Zum Entsäuern fehlen die Grundvoraussetzungen einer gesunden Lebensweise wie Bewegung, Sonnenlicht, Mikronährstoffe, Entspannung, Wasser, Harmonie und – ganz wichtig – eine basische Ernährung. Entsäuern bleibt folglich für viele

Menschen ein unerfüllter Traum. Die Säuren und Schlacken verbleiben im Zwischenzellgewebe. Das Zwischenzellgewebe hat jedoch eigentlich die Aufgabe der Ver- und Entsorgung der Zellen.

Man kann sich das Zwischenzellgewebe wie einen Supermarkt für die Zellen mit angegliederter Abfallbeseitigungsanlage vorstellen. Aus dem Zwischenzellgewebe erhalten die Zellen alles, was sie brauchen: Glucose, Sauerstoff, Vitamine, Aminosäuren, Fettsäuren, Mineralstoffe usw. Gleichzeitig geben sie permanent ihre Abfälle einschließlich der Säuren an das Zwischenzellgewebe ab. Das Zwischenzellgewebe ist also auf einen flinken Transportmechanismus angewiesen. Nähr- und Mikronährstoffe müssen herbei- und Abfälle müssen wegtransportiert werden.

Liegt nun eine Übersäuerung vor, dann wird das Zwischenzellgewebe als Lagerstätte für Säuren und Schlacken missbraucht. Dadurch gerät der Fluss (die Reinigung der Zelle) ins Stocken. Abfälle können nicht mehr komplett abtransportiert werden und bleiben liegen, was die Übersäuerung und Verschlackung weiter verschärft. Irgendwann ist kaum noch Platz für weitere Abfälle einschließlich Säuren. Die Zellen wissen nicht mehr, wohin mit ihrem Müll und müssen ihn in ihrem Innern lagern. Dadurch übersäuert jetzt auch die Zelle selbst.

Bei einem verschlackten Zwischenzellgewebe ist gleichzeitig natürlich auch die Nährstoffversorgung gefährdet. Denn wie sollen Nähr- und Mikronährstoffe ihren Weg zu den Zellen finden, wenn das Zwischenzellgewebe voller Schlacken und Säuren ist? Die Zelle erstickt also nicht nur fast an ihrem eigenen Müll, sie erhält außerdem kaum mehr die dringend benötigten Nährstoffe.

Die Zelle lebt wie in einem Slum. Sie hungert und ist von Müll umgeben. Verständlich, dass sie sauer wird.

Ein verschlacktes und übersäuertes Zwischenzellgewebe ist jedoch gemeinsam mit unterernährten und sauren Zellen die Voraussetzung für all das, was wir eigentlich nicht haben möchten:

- Übergewicht
- Cellulite
- Krampfadern
- Besenreißer
- Unreine oder graue Haut
- Haarausfall
- brüchige Fingernägel

- Gelenkbeschwerden
- Zahn- und Zahnfleischprobleme
- schlechte Augen
- Konzentrationsmangel und vieles mehr

Was wir hingegen gerne hätten, wäre das hier:

- Idealgewicht
- Glatte und makellose Haut
- Gesunde Venen
- Volles und gesundes Haar
- Starke Fingernägel
- Bewegliche Gelenke
- Gesunde Zähne bis ins hohe Alter
- Scharfe Sicht
- Konzentrationsfähigkeit und viele positiven Dinge mehr

Entsäuerung heißt also das Zauberwort. Das ist jedoch nichts Neues mehr. Daher entsäuert derzeit die halbe Welt – meist auf die folgende Weise:

1. Man nimmt ein Basenpulver ein, um dem Organismus ausreichend Mineralien zur Verfügung zu stellen, die er benötigt, um die anfallenden Säuren zu neutralisieren und die dabei entstehenden Schlacken

zu parken und sie für die Ausleitung bereitzustellen.

2. Man nimmt Basenbäder, um über die Haut Schlacken und Säuren ausscheiden zu können. Zusätzlich führt man Bürstenmassagen durch, um die Entsäuerung über die Lymphe anzuregen.
3. Man stellt die Ernährung auf eine basische Ernährung um, meidet also säurebildende Lebensmittel und bevorzugt basische Lebensmittel.
4. Man widmet sich moderater sportlicher Betätigung.
5. Man versucht, Stress zu vermeiden.

Diese Maßnahmen sind natürlich bereits ganz hervorragend. Dennoch hält sich der Erfolg nur allzu oft in Grenzen oder bleibt gar ganz aus. Warum? An den Punkten 2 bis 5 gibt es nicht das Geringste auszusetzen. Sie unterstützen nicht nur eine effektive Entsäuerung, sondern sind außerdem Voraussetzung dafür, dass sich keine weiteren unerwünschten Säuren im Körper einnisten können. Doch gibt es zwei gravierende Probleme, die das Entsäuern vereiteln.

Die Ernährung wird meist nur ansatzweise verändert. Einerseits, weil sich Gewohnheiten nur schwer ändern lassen. Andererseits, weil die richtigen Informationen und die richtige Motivation fehlen. Ideal zum Einstieg in die richtige basenüberschüssige Ernährung ist eine spezielle Entschlackungskur. Mit einer geführten Entschlackungskur über vier Wochen lernen Sie mit Leichtigkeit, Ihre Ernährungsgewohnheiten zu verändern und erhalten eine Vielzahl basenüberschüssiger Rezepte.

Informieren Sie sich ferner über das variantenreiche basische Frühstück und lernen Sie die gesunden entsäuernden basischen Kuchen kennen. Experimentieren Sie mit basischen Brotaufstrichen, basischen Kartoffelgerichten und basischen Snacks. Tauchen Sie ein in die basische Welt der knackig-gesunden Sprossen. Und wenn Sie das Nonplusultra des basischen Lifestyles kennenlernen möchten, dann sollten Sie sich über grüne Smoothies schlau machen.[6]

Die oben genannten Maßnahmen **allein** genügen jedoch häufig nicht, um erfolgreich zu entsäuern. Sie schaffen es in vielen Fäl-

---

6 siehe auch in : Gesund mit Basischer Ernährung - Rezepte

len nicht mehr, den Organismus und hier speziell das Zellinnere zu entsäuern. Daher wird bei Entsäuerungskuren immer auch ein Basenpräparat verordnet. Und genau hier - in der Qualität des Basenpräparates - liegt der Grund für erfolglose Entsäuerungskuren verborgen.

Viele Basenpräparate entsäuern oftmals lediglich den Magen-Darm-Trakt, nicht aber das Gewebe und auch nicht die Zelle selbst. Und so bleiben die Schlacken und auch viele Säuren zum großen Teil im Körper. Dabei findet die Übersäuerung nicht nur im Magen-Darmtrakt statt, wo sie relativ leicht mit den erwähnten Mineralien neutralisiert werden kann. Eine Übersäuerung findet auch direkt in der Zelle statt - mit verheerenden Wirkungen.

Dazu muss man wissen:

Eine basische (=gesunde) Zelle ist negativ geladen.

Eine übersäuerte (=kranke) Zelle ist positiv geladen.

Ebenso wie bei Eisenmagneten mit Nord- und Südpol verhält es sich bei elektromagnetischen Ladungen: Gleiche Pole/ Ladungen stoßen sich ab, unterschiedliche

Pole/Ladungen ziehen sich an.

Die Ernährung der Zelle findet auf elektromagnetischem Weg statt.

Nährstoffe, die die Zelle benötigt, sind positiv geladen.

Ist die Zelle basisch = gesund = negativ geladen, kann sie Nährstoffe anziehen und sich so ernähren und Energie produzieren.

Ist die Zelle sauer = krank = positiv geladen, stößt sie Nährstoffe ab, kann sich also nicht mehr ernähren, kann keine Energie produzieren, der Körper verfällt.

Einer sauren Zelle kann man so viel Basenpulver oder Nährstoffe anbieten wie man will - sie kann die Mineralien beziehungsweise die Nährstoffe einfach nicht aufnehmen. Entsäuerung findet nicht statt, ein Therapieerfolg bleibt aus.

Es gibt jedoch einen Ausweg. Die Zelle kann nun rasch und wirkungsvoll aus ihrer sauren Reaktionsstarre befreit und in einen lebendigen basischen Zustand überführt werden - mit dem basischen Aktivwasser-Konzentrat Aktiv-Basen.

Dazu muss man wiederum wissen:

Die positive Ladung einer übersäuerten Zelle entsteht durch eine hohe Konzentration von H+-Ionen.

Wasser (H2O) ist ein Molekül und besteht aus zwei Wasserstoffatomen (2 mal H) und einem Sauerstoffatom (1 mal O), deswegen auch die Bezeichnung H2O.

Nun kann man Wasser auch in eine Ionen-Form überführen. Dazu benötigt man starken elektrischen Strom, ein Salz und viel Fachwissen. Dann erhält man positiv geladene H+-Ionen (pro Wassermolekül eines) und negativ geladene OH--Ionen (ebenfalls pro Wassermolekül eines). Das ist zwar immer noch Wasser, aber es besitzt jetzt ein großes elektrisches Potential und ... es ist stark basisch.

Trinkt man dieses Wasser, dann schwimmen diese H+- und OH--Ionen im Zwischenzellgewebe umher, also in der Flüssigkeit, die sich um die Zellen herum befindet. Die positiv geladenen H+-Ionen werden durch die positiv geladene, weil übersäuerte Zelle, abgestoßen, die negativ geladenen OH--Ionen jedoch werden angezogen und können in die Zelle hineingelangen.

Aktiv-Basen ist ein Konzentrat mit einem pH-Wert zwischen 10,5 und 11. Daher nimmt man es in nur kleinen Mengen und verdünnt mit Wasser ein.

Verzehrempfehlung: Zweimal täglich 25 Milliliter in etwa 150 Milliliter Wasser geben (das ist ein kleines Glas) und circa eine Stunde vor einer Mahlzeit trinken.

Eine Entsäuerungskur mit Aktiv-Basen sollte rein prophylaktisch zweimal jährlich durchgeführt werden. Bei Beschwerden entsprechend öfter, um den Zellen ausreichend Möglichkeit zu geben, den sauren Zustand der Reaktionsstarre auch tatsächlich verlassen zu können.[7]

Und jetzt passiert das Faszinierende:

Ein Teil der eindringenden negativen OH--Ionen verbindet sich mit den positiven H+-Ionen (die im Innern der Zelle sind) zu Wasser. Der andere Teil bringt die Zelle in einen negativ geladenen, also basischen Zustand. Das neu entstandene Wasser schwemmt nun den angesammelten Müll aus der Zelle hinaus, während die Zelle gleichzeitig durch die negative Ladung wieder Nährstoffe anziehen und auch aufnehmen kann, weil erst jetzt – da der Müll hinausgeschafft wurde – überhaupt wieder Platz für Nährstoffe ist.

Die Zelle muss nicht mehr in Unrat und Hunger leben. Sie ist wieder gut versorgt und um sie herum ist es blitzblank sauber. Der düstere Ort wurde zum schmucken Villenviertel.

7 Plan in Teil 2

Gesundheit

Ich hoffe, dass ich Ihnen mit meinen Ausführungen einen guten Überblick verschaffen konnte. Nehmen Sie Ihre Gesundheit in Ihre eigenen Hände! Glauben Sie nicht alles, was gesagt wird. Hinterfragen Sie, wenn Ihnen starke Medikamente verabreicht werden!

Vor einiger Zeit war eine Frau, nennen wir sie Simone, bei mir, um mich um Rat zu fragen. Ihre Hände waren dick geschwollen und sie klagte über starke Schmerzen. «Ich kann nicht einmal mehr meine Finger zu meiner Handfläche bewegen, so sehr bin ich eingeschränkt! Ich nehme seit langer Zeit Cortison und starke Schmerzmittel, die mir nicht wirklich gut bekommen. Was kann ich tun? Mein Arzt meinte, dass meine Gicht nicht heilbar sei. Du hast mir erzählt, dass du Arthrose hattest, wirkt dein Rezept auch bei Gicht?»

Ich hatte gerade mein Buch *Gesund mit Basischer Ernährung, Tipps und Tricks* veröffentlicht, empfahl es ihr und riet ihr, es gründlich durchzulesen und die Rezepte zu befolgen. Nach nur drei Wochen sah ich

Simone wieder. Freudestrahlend kam sie auf mich zu, umarmte mich und rief: «Schau mal, Karin! Schau dir meine Hände an! Und vom Cortison nehme ich nur noch die Hälfte!» Sie zeigte mir ihre Hände, die deutlich schmaler geworden waren. Die Schwellungen waren zurückgegangen und sie konnte nun auch ihre Finger wieder bis zum Handballen beugen.

Simone sagte: «Diese Ernährung werde ich weiter befolgen, einfach für immer komplett umstellen, um wieder ganz gesund zu werden. Danke für diese Möglichkeit! Und mein Cortison halbiere ich noch weiter, so lange, bis ich es nicht mehr brauche, auch von den Schmerzmitteln brauche ich nicht mehr so viel. Danke, danke, ich bin so froh, dass ich dich kennengelernt habe!»

Mir persönlich geht es immer noch gut und ich lebe im allgemeinen im Basenüberschuss. Zur Freude meiner Enkel, bin ich wieder in der Lage, Räder auf der Wiese zu schlagen - nicht mehr so elegant wie früher, aber immerhin - und mit ihnen herumzutollen.

Die Umstellung auf die *Basische Ernährung* hat mir zu mehr Lebensfreude und -qualität verholfen und das will ich auf keinen Fall auf´s Spiel setzen, indem ich mich wieder auf meine alte Ernährungsweise einlasse. Im *Basenüberschuss* essen, bedeutet kein Verzicht mehr für mich, sondern Freude am Essen. Es ist so, dass ich hin und wieder Kaffee trinke, oder auch mal ein Stück süße Torte esse, das mache ich mit gutem Gewissen, denn ich weiß, dass meine nächste Mahlzeit wieder *basisch* ist.

Trauen Sie sich, gesund zu sein!

Füllen Sie Ihren Körper mit Fröhlichkeit! Freude, Liebe, Erfüllung und Zufriedenheit machen einen Körper basisch. Stress, Ärger, Wut und Zorn machen ihn sauer - daher kommt auch der Ausspruch: «Ich bin total sauer!»

Robert Stolz sagte einmal: «Wer sich über irgendetwas eine Minute lang ärgert, sollte bedenken, dass er dadurch 60 Sekunden Fröhlichkeit verliert.»

Ich finde, da hat er vollkommen Recht. Unser Seelenleben atmet auf, wenn wir glücklich sind. Zu unserem Seelenleben gehören unsere Gedanken und unser Höheres Selbst.

Unsere Gedanken bestimmen unser Sein. Sie bestimmen unser Fühlen und unsere Lebenseinstellung. Sie bestimmen folglich auch unsere Körperhaltung, unsere Gesten und unseren Gesichtsausdruck. Sie beeinflussen außerdem auch unser Sozialverhalten, also wie wir mit anderen Menschen und ihren Aktionen und Reaktionen umgehen.

Negative Gedanken erschaffen ungute Gefühle - zusammengekniffene Lippen, gerunzelte Stirn und eingesunkene Körperhaltung.

Positive Gedanken hingegen erschaffen gute Gefühle. Sie richten uns auf und zaubern ein Lächeln auf unser Gesicht.

Unsere Gedanken und Gefühle wirken sich also umgehend auf unseren Körper aus. Die Naturheilkunde kennt die Zusammenhänge schon seit Jahrtausenden, so langsam gibt es auch erste wissenschaftliche Beweise für den Einfluss der Gedanken und Gefühle auf den Körper. Negative Gedanken wirken sich direkt auf unser Immunsystem aus. So fand man heraus, dass bei Menschen, die ihren Ärger unterdrücken, der Beta-Endorphin-Spiegel sinkt. Beta-Endorphin ist ein körpereigener Botenstoff mit berauschender Wirkung. Der Stoff wird im Gehirn gebildet und führt zu Glücksgefühlen. Auch aktiviert das Beta-Endorphin die Killerzellen des Immunsystems. Unterdrückter Ärger führt also nicht nur zu unglücklichen Gefühlen, sondern auch zu einem angeschlagenen Immunsystem.

Auch Angstgefühle sorgen für eine Beeinträchtigung der körpereigenen Abwehr, indem sie zu einer Verringerung der Lymphozyten-Produktion und zu einer verminderten Wirkung des Interleukin-2 führen. Interleukin-2 ist ein Hormon, das die B- und T-Lymphozyten und die Killerzellen aktiviert.

Positive Gedanken und eine optimistische Lebenseinstellung stärken das Immunsystem und führen zu einer höheren Resistenz gegen Krankheiten und zu einer schnelleren Heilung.

Ein Experiment

Ich wollte es überprüfen, ob wirklich die Ernährung so einen großen Einfluss auf unsere Gesundheit hat. Daher aß ich wieder Süßigkeiten, trank Wein und bediente mich an all den Sachen, die ich früher so gern gegessen hatte.

Vieles schmeckte mir nicht mehr, Wurst und Co. konnten mich nicht mehr vom Hocker reißen. Nach nur vier Wochen hatte ich wieder Schmerzen in meinen Hüften und an meinen Handgelenken.

Also schwenkte ich wieder zur *Basischen Ernährung* um und nach nur drei Tagen waren die Schmerzen wieder verschwunden.

Vorsichtshalber machte ich noch eine Entsäuerung und eine Darmsanierung.

Meine Lebensqualität will ich auf keinen Fall einbüßen, nur weil ich so gerne Karamell und Schokolade esse.

Wenn ich einkaufen gehe, laufe ich schnurstracks an den Süßigkeiten vorbei, denn wenn ich die Dinge erst einmal im Haus habe, esse ich sie auch und das möchte ich nicht. Also will ich beim Einkauf schon sehr konsequent sein. Klappt meistens auch.

Der Mensch handelt erst,
wenn der Schmerz zu groß wird!

Vorher zieht er noch einen Gewinn
aus seiner Krankheit.

Welcher Gewinn?

Aufmerksamkeit!
Klagen und Jammern
Nicht handeln zu müssen
und vieles mehr

Gesunde Menschen bekommen keine Aufmerksamkeit, sie sind ja gesund und benötigen daher keine Hilfe, Unterstützung oder Aufmerksamkeit.

Wer sind Sie, dass Sie mit Ihrer Krankheit die Aufmerksamkeit auf sich ziehen? Brauchen Sie sie, um sich besser zu fühlen?

Wie viel Aufmerksamkeit schenken Sie anderen Menschen und wie viel Aufmerksamkeit schenken Sie sich selbst?

Sie sind der wichtigste Mensch in Ihrem Leben und nur, wenn es Ihnen gut geht, können Sie auch für andere Menschen da sein.

Der beste Arzt ist die Natur, denn sie heilt nicht nur viele Leiden, sondern spricht auch nie schlecht von einem Kollegen.

Ernst Ferdinand Sauerbruch

Teil 2

Die Praxis

Entsäuerung

Sie können sich trotz allem nicht vorstellen, dass Schlacken und überschüssige Säuren derart viele und schädliche Auswirkungen haben können?

Dann hilft Ihnen vielleicht das Experiment von Alexis Carell weiter:

Der französische Physiologe hielt Zellen eines Hühnerherzens 28 Jahre[8] lang am Leben. Die Zellen lebten in einer Nährlösung, die in ihrer Zusammensetzung dem Blut glich. Täglich wechselte Alexia Carell die Nährlösung, das heißt, entstandene Stoffwechselschlacken wurden täglich entsorgt.

Dann – nach all den Jahren – starben die Herzzellen plötzlich. Warum? Ein Mitarbeiter von Monsieur Carell hatte vergessen, die Nährlösung zu wechseln. Die Schlacken hatten daraufhin Zeit, sich anzuhäufen und die Zellen erstickten schließlich in ihrem eigenen Müll.

Was also lässt Zellen altern und schließlich sterben? Müll und Schlacken! Zellen, die von Müll umgeben sind, der nicht entsorgt

8 (http://www.alexchiu.com/bulletin/messages/219.html)

wird, altern schnell und sterben früh. Und da Ihr ganzer Organismus aus Zellen besteht, altern Sie selbst immer schneller, je mehr Müll in und um ihre Zellen gelagert wird.

Selbst wenn täglich 99 Prozent aller Schlacken entfernt werden können, selbst wenn also nur ein einziges Müllprozent übrig bleibt, summiert sich dieses Prozent im Laufe der Jahre genauso unerbittlich, wie wenn Sie täglich eine Mülltüte vor ihr Haus in den Vorgarten stellen.

Nach ein paar Tagen fällt es vielleicht noch nicht auf. Nach einem Monat wird es schon kritisch und nach einem Jahr können Sie Ihr Haus mit Sicherheit nicht mehr betreten.

Ihr Körper jedoch ist deutlich geduldiger als ein Vorgarten und verfügt im Gegensatz zur Küche außerdem über *Selbstreinigungsmechanismen*. Erst wenn diese nachlassen, fängt der Müllberg zu wachsen an, lässt Sie schneller altern und macht Sie krank.

Der Alterungsprozess und die damit verbundenen Krankheiten sind also oft nichts weiter als eine Anhäufung von nicht ausgeschiedenen Schlacken.

In unserer modernen Welt bestehen diese Schlacken häufig aus Säuren. Wie schon ein einziges Glas einer säurebildenden Limonade das körpereigene Gleichgewicht auf eine harte Probe stellen kann, soll nachfolgender Versuch zeigen:

Nehmen Sie einen 40-Liter-Eimer mit Wasser. Das Wasser sollte einen leicht basischen pH-Wert von 7,4 haben. Schütten Sie nun ein Glas Cola (300ml) in das Wasser und messen Sie jetzt den pH-Wert. Was stellen Sie fest? Der pH-Wert des Eimerinhalts ist auf 4,6 gesunken. Er ist also ziemlich sauer geworden.

Der Körper eines 70-Kilogramm-Menschen besteht zufällig aus etwa 40 Litern Wasser, das einen pH-Wert von etwa 7,4 hat.

Wie viele Menschen kennen Sie nun, die täglich weit mehr als nur ein Glas Cola in sich hinein schütten und dennoch nach wie vor am Leben sind? Würde deren Körperflüssigkeit nämlich plötzlich einen pH-Wert von 4,6 aufweisen, dann liefen diese Leute nicht mehr fröhlich durch die Gegend, sondern lägen fein säuberlich aufgebahrt in der nächsten Leichenhalle.

Also bewerkstelligt der Organismus tagtäglich Meisterarbeit, indem er - ganz egal, was geschieht - den Blut-pH-Wert zwischen 7,3 und 7,45 immer schön konstant hält.

Cola war übrigens nur *ein* Beispiel für den säurebildenden Effekt all der Dinge, die mit der modernen Ernährung tagtäglich im Körper eintreffen. Alle anderen Soft Drinks sind nicht viel besser. Auch alkoholische und koffeinhaltige Getränke übersäuern, genauso gekaufte Fruchtsäfte.

Zusätzlich übersäuert jeder zucker- oder mehlhaltige Snack, jedes verarbeitete Milchprodukt, jede Bratwurst, jeder Hamburger, jede Pizza, jedes Fertigdressing, jedes süße Dessert und jedes gutbürgerliche Menü aus Teigwaren, Fleisch und Soße.

Weitere Faktoren, die eine Übersäuerung fördern können, sind beispielsweise permanenter Stress, Sorgen und Ängste.

Verstehen Sie jetzt, warum die Medikamente der Schulmedizin vielleicht Symptome lindern, oft nur vorübergehend, aber - vor allem chronische Beschwerden - nicht wirklich heilen können?

Medikamente beheben nicht das ursächliche Problem der Übersäuerung (und der Darmverschlackung). Der Mensch lebt also weiter wie bisher, übersäuert nach wie vor, wird immer kränker, nimmt zwar Tabletten, erleidet dann aber aufgrund von deren Nebenwirkungen gleich die nächste Krankheit.

Um die eigene Hilflosigkeit nicht preisgeben zu müssen, bezeichnet die Schulmedizin all die Krankheiten, die sie nicht heilen kann, kurzerhand als Altersbeschwerden oder als genetisch bedingt und damit als unheilbar.

Dazu gehören unter anderem Herzkrankheiten, Krebs, Arteriosklerose, Bluthochdruck, Diabetes, Arthritis, Nierenkrankheiten, viele Verdauungsbeschwerden, Hämorrhoiden, Asthma, Heuschnupfen, Allergien, Kopfschmerzen, Ekzeme, Zahnfleischerkrankungen, usw.

Viele japanische Ärzte sagen, dass alle Krankheiten, die nicht durch Bakterien und Viren entstehen, durch zu viele Säuren im Körper verursacht werden (wobei sich auch Bakterien und Viren bevorzugt dort ansiedeln, wo der Säure-Basen-Haushalt im Argen liegt).

Wenn westliche Ärzte also sagen, die Ursache dieser oder jener Krankheit sei unbekannt oder liege in den Erbanlagen verborgen, dann können Sie in vielen Fällen getrost von einer hochgradigen, jahrzehntelangen Übersäuerung (in Kombination mit einem in Mitleidenschaft gezogenen Verdauungssystem) als Ursache ausgehen.

Das ist eine wunderbare Nachricht! Denn gegen eine Übersäuerung kann man etwas unternehmen. Genauso kann man sein Verdauungssystem wieder auf Vordermann bringen und auf diese Weise das Immunsystem stärken.

Was also müssen wir tun, um gesund und jung zu bleiben? Richtig! Die Schlacken und Säuren wieder aus dem Körper hinausschaffen, die Übersäuerung also rückgängig machen, dazu eine gründliche Entsäuerung in Angriff nehmen und uns auf diese Weise unaufhaltsam in Richtung Gesundheit und Power voranbewegen.

Sie können mit einem gut durchdachten und auf Sie zugeschnittenen Entsäuerungsprogramm die begonnene Entwicklung hin zu Krankheit und Alter umkehren. Bereits nach ein bis drei Monaten werden Sie sich deutlich jünger, gesünder und vitaler fühlen.

Die richtige Entsäuerung besteht aus drei Schritten:

Wir stoppen die Säureflut und sorgen mit einer basischen oder basenüberschüssigen Ernährung dafür, dass ab sofort weniger säurebildende Stoffe in unseren Körper gelangen, damit sich keine neuen Schlacken mehr bilden können. Die basenüberschüssige Ernährung sollten Sie auch *nach* Ihrer 1- bis 3-monatigen Entsäuerungskur beibehalten. Viele Schlacken können erst langsam abgebaut werden, was dann im Laufe einer mehrmonatigen basenüberschüssigen Lebensweise geschehen kann.

Wir reduzieren jene Faktoren, die – neben der Ernährung – ebenfalls übersäuern wie zum Beispiel Stress, Sorgen und unnötige Medikamente.

Wir kümmern uns außerdem darum, dass die in der Vergangenheit entstandenen und im Körper eingelagerten Säuren und Schlacken mit Hilfe eines effektiven und umfassenden Entsäuerungsprogrammes vollständig ausgeschieden werden können – und zwar so lange, bis der Organismus seine eigenständige Regulationsfähigkeit wieder gefunden hat.

Wenn Schlacken und Säuren den Körper verlassen, wenn stattdessen basische Mineralien und hochwertige Nahrung in den Körper gelangen, passieren viele Dinge gleichzeitig. Hier eine kleine Auswahl:

Übergewicht besteht häufig nur infolge einer Übersäuerung. Entsäuern Sie, dann schmilzt Übergewicht praktisch ganz von alleine dahin.

Ihre Haut wird mit einer Entsäuerung straffer, Nägel fester und Haarausfall gehört der Vergangenheit an.

Allergien, Kopfschmerzen und viele andere chronische Erkrankungen werden durch eine Entsäuerung gelindert und können mit einer anschließenden Darmsanierung weiter reduziert werden.

Rheumatische Schmerzen lassen oft schon innerhalb der ersten Entsäuerungstage deutlich nach.

Ansteckende Krankheiten oder auch immer wiederkehrende Pilzinfektionen können künftig ebenfalls verhindert werden oder brechen nur abgeschwächt aus, weil eine regelmäßige Entsäuerung in Verbindung mit einer basenüberschüssigen Lebensweise das Immunsystem stärkt und der Körper derart vital wird, dass Bakterien, Viren, Pilze und Parasiten keine Chance mehr haben. Darüber hinaus führt ein jetzt ausgewogener Säure-Basen-Haushalt dazu, dass sowohl im Darm als auch in der Scheide die richtigen pH-Werte herrschen. Die Ansiedlung von Pilzen ist unter diesen Voraussetzungen dort nicht mehr möglich.

Säuren und Schlacken verstärken die Blutgerinnung. Sie lassen das Blut also dickflüssiger werden und erhöhen somit die Gefahr einer Arteriosklerose. Die feinen Blutgefäße (Kapillaren) können verstopfen. Wenn Sie nun eine Entsäuerung durchführen, dann wird Ihr Blut zwar schnell wieder dünnflüssiger (was sofort Ihr Herz entlastet). Doch die Ablagerungen sind nach wie vor da.

Ganz langsam jedoch werden die verstopften Blutgefäße wieder frei gemacht. Dieser Prozess kann Jahre dauern. Ob Ablagerungen ferner vollständig wieder entfernt werden können, hängt von der Ausprägung derselben ab und von vielen weiteren persönlichen Voraussetzungen (Alter, Gesundheitszustand usw.).

Merken Sie sich jedoch eines: Wenn Sie eines schönen Tages auch Schlacken erreichen, die 10 Jahre alt sind und diese aus Ihrem Körper hinausschaffen, dann werden sie sich automatisch 10 Jahre jünger fühlen. Entsäuerung lohnt sich also! Viel Spaß dabei.

Das richtige Entsäuerungsprogramm

Die Entsäuerung wird – wie oben erwähnt – von einer basischen beziehungsweise basenüberschüssigen Ernährung begleitet und unterstützt.

Natürlich versuchen Sie während Ihrer Entsäuerungskur überdies, Stress zu vermeiden.

Wählen Sie jetzt ein Entsäuerungsprogramm aus, das zu Ihnen passt!

Wichtig ist zunächst die geplante Dauer. Möchten Sie vier Wochen lang entsäuern? Oder möchten Sie sich lieber Zeit nehmen und über einen Zeitraum von 3 Monaten entsäuern? Möchten Sie überdies sanft entsäuern? Oder möchten Sie intensiv entsäuern?

Sanfte Entsäuerungsprogramme bestehen beispielsweise aus einem Basentee, der hochbasischen Sango Meeres Koralle zur Remineralisierung des Körpers und einem Basenbad für die Entsäuerung über die Haut.

Entsäuerungsprogramme, die nicht nur extra- und intrazellulär entsäuern, sondern sich überdies um den Zellschutz während der Entsäuerung sowie um eine ausgewogene Ernährung der Zelle kümmern, liefern auch Antioxidantien sowie ganzheitliche Nahrungsergänzungsmittel wie zum Beispiel die Spirulina-Alge.

Intensive Entsäuerungsprogramme entsäuern auf mehreren Ebenen, regen den Organismus zur körpereigenen Basenbildung an und entgiften sogar gleichzeitig. Zusätzlich sorgen sie für Zellschutz und Zellnahrung. Eine solch intensive Entsäuerung kann dennoch bereits über einen Zeitraum von nur vier Wochen durchgeführt werden.

Die Entsäuerung beschleunigen – Neun Tipps

Je nachdem, für welches Programm Sie sich entscheiden, können Sie sich aus den folgenden Tipps noch zusätzliche Maßnahmen aussuchen, die Ihre ganz persönliche und individuelle Entsäuerung enorm beschleunigen und unterstützen können:

1. Ganzheitliches Basenpulver

Um Ihre Ernährung zusätzlich mit hochwertigen basischen Stoffen anzureichern, können Sie über jede Mahlzeit ein Basenpulver streuen.

2. Basischer Tee

Mit einem basischen Morgentee beginnen Sie den Tag und mit einem basischen Abendtee lassen Sie ihn ausklingen.

3. Basische Körperpflege

Verwenden Sie möglichst basische Körperpflegeprodukte

4. Trockenbürsten-Massagen

Führen Sie Trockenbürsten-Massagen durch, die Ihr gesamtes Lymphsystem aktivieren und die Entsäuerung massiv fördern werden. Als kleinen Bonus erhalten Sie eine samtweiche Haut.

5. Ganzheitliche basische Mineralien

Zur Neutralisierung von Säuren verwendet der Organismus normalerweise körpereigene Puffer wie zum Beispiel das Natriumhydrogencarbonat. Bei einer Übersäuerung funktionieren diese körpereigenen Regulationsmechanismen nicht mehr optimal.

Säuren werden jetzt mit Hilfe von basischen Mineralien wie Magnesium oder

Kalzium neutralisiert. Die moderne Lebensweise liefert jedoch schon für die Aufrechterhaltung der normalen Körperfunktionen oft viel zu wenige basische Mineralien.

Wenn jetzt auch noch basische Mineralien für die Neutralisierung von riesigen, völlig unnatürlichen Mengen Säuren verwendet werden müssen, dann kommt es zu ernsthaften Basen-Engpässen. Der Körper muss sich jetzt basische Mineralien (zum Beispiel Kalzium) aus seinen eigenen Mineralstoffvorräten borgen, zum Beispiel aus der eigenen Knochensubstanz.

Das ist im Grunde auch kein Problem – sofern die basischen Mineralien baldmöglichst wieder an die Knochen (oder andere Gewebe) zurückgegeben werden können. Das aber geschieht katastrophalerweise eben *nicht*.

Jeden Tag kommen zu viele Säuren mit ungesunder Nahrung herein, jeden Tag treffen zu wenige basische Mineralien ein und jeden Tag werden daher Mineralien aus der Knochensubstanz oder aus anderen körpereigenen Mineraliendepots ausgeliehen. Und diese Leihgaben werden *niemals* zurückgegeben.

Der Körper *muss* die entstehenden

Säuren also auf jeden Fall neutralisieren – koste es, was es wolle. Denn das Blut muss bekanntlich *immer* leicht basisch sein, also einen pH-Wert von 7,3 bis 7,45 aufweisen, jeder andere Wert ist für den Körper lebensbedrohlich. Daher werden entstehende Säuren *sofort* neutralisiert – auch wenn das Ganze auf Kosten der Knochensubstanz geht. Das ist dem Organismus erst einmal egal. Er muss in diesem Augenblick überleben.

Wenn sich langfristig aufgrund des Mineralienraubbaus Osteoporose, Karies oder Arteriosklerose entwickeln, dann kümmert ihn das in diesem Augenblick nicht. Schließlich gibt unser Körper niemals die Hoffnung auf, wir könnten eines schönen Tages doch wieder zur Besinnung kommen und beginnen, gesünder zu leben.

Ganzheitliche basische Mineralstoffe wie zum Beispiel die Sango Meeres Koralle können den Mineralienraubbau im Körper wieder rückgängig machen. Endlich können die Mineralstoff-Leihgaben wieder zurückgegeben werden, überschüssige Säuren werden problemlos neutralisiert und neue Mineralstoffvorräte können angelegt werden.

6. Sport, Sauna und Massagen

Beachten Sie, dass Ihr Körper umso mehr Schlacken ausscheiden kann, je höher die Temperatur seines Blutes ist. Die Körpertemperatur erhöht man mit maßvollem Training, mit Sauna, mit Massagen oder aber mit heißen basischen Bädern.

7. Basenbäder

Entspannen Sie mindestens zwei- bis dreimal wöchentlich in einem Basenbad. Wenn Sie für ein Vollbad keine Zeit haben, sollten Sie sich basische Fußbäder gönnen. Basenbäder sind oft Grundbestandteile von Entsäuerungsprogrammen.

8. Richtige Atmung

Achten Sie auf langsame und bewusste Atmung, da Kohlensäure in Form von Kohlendioxid über die Lungen ausgeatmet wird. Wenn Sie lernen, langsam und bewusst zu atmen (zum Beispiel mit der rhythmischen Yoga-Atmung), dann können Sie bereits einen Teil der täglich anfallenden Säuren über die Lungen aus dem Körper schaffen.

9. Basenstrümpfe

Über die Fußsohlen kann der Körper ebenfalls entsäuern und entgiften. Dies können Sie unterstützen, indem Sie mit Hilfe der Basenstrümpfe im Schlaf weiter entsäuern und mit einem Gefühl der Leichtigkeit am nächsten Morgen aufstehen.

Überprüfen Sie Ihren Entsäuerungserfolg mit Hilfe von pH-Teststreifen.

Studien und weitere Infos:

1. Abol-Enein H et al., «Ionized alkaline water: new strategy for management of metabolic acidosis in experimental animals.» Ther Apher Dial. 2009 Jun;13(3):220-4. (Ionisiertes basisches Wasser: Eine neue Strategie für die Behandlung der metabolischen Azidose bei Versuchstieren.)

2. Minich DM, Bland JS «Acid-alkaline balance: role in chronic disease and detoxification.» Altern Ther Health Med. 2007 Jul-Aug;13(4):62-5. (Säure-Basen-Balance: Rolle bei chronischen Erkrankungen und Entgiftung.)

3. Yahagi N et al., «Effect of electrolyzed water on wound healing.» Artif Organs. 2000 Dec;24(12):984-7. (Wirkung von Elektrolysewasser auf die Wundheilung.)

4. Ye J et al., «Inhibitory effect of electrolyzed reduced water on tumor angiogenesis.» Biol Pharm Bull. 2008 Jan;31(1):19-26. (Inhibitorische Wirkung von elektrolysiertem reduziertem Wasser auf die Tumorangiogenese.)

5. Venkitanarayanan KS et al., «Efficacy of electrolyzed oxidizing water for inactivating Escherichia coli O157:H7, Salmonella enteritidis, and Listeria monocytogenes.» Appl Environ Microbiol. 1999 Sep;65(9):4276-9. (Die Wirksamkeit von oxidierendem elektrolysierem Wasser zur Inaktivierung von Escherichia coli O157: H7, Salmonella Enteritidis und Listeria monocytogenes.)

6. Kim C et al., «Efficacy of electrolyzed oxidizing water in inactivating Salmonella on alfalfa seeds and sprouts.» J Food Prot. 2003 Feb;66(2):208-14. (Die Wirksamkeit von elektrolysiertem oxidierendem Wasser bei der Inaktivierung von Salmonellen auf Alfalfa Samen und Keimlingen.)

7. Hanaoka K et al., «The mechanism of the enhanced antioxidant effects against superoxide anion radicals of reduced water produced by electrolysis.» Biophys Chem. 2004 Jan 1;107(1):71-82. (Der Mechanismus der verstärkten antioxidativen Wirkung gegen

Superoxidanionradikalen von reduziertem Wasser, welches durch Elektrolyse hergestellt wird.)

8. Lee MY et al., «Electrolyzed-reduced water protects against oxidative damage to DNA, RNA, and protein.» Appl Biochem Biotechnol. 2006 Nov;135(2):133-44. (Elektrolysiertes reduziertes Wasser schützt vor oxidativen Schäden an DNA, RNA und Proteinen.)

9. Shirahata S et al., «Electrolyzed-reduced water scavenges active oxygen species and protects DNA from oxidative damage.» Biochem Biophys Res Commun. 1997 May 8;234(1):269-74. (Elektrolysiertes reduziertes Wasser fängt aktive Sauerstoffspezies ab und schützt die DNA vor oxidativen Schäden.)

10. Park SK et al., «Electrolyzed-reduced water inhibits acute ethanol-induced hangovers in Sprague-Dawley rats.» Biomed Res. 2009 Oct;30(5):263-9. (Elektrolysiertes reduziertes Wasser hemmt akuten Ethanol-induzierten Kater in Sprague-Dawley Ratten.)

11. Kim MJ et al., «Preservative effect of electrolyzed reduced water on pancreatic beta-cell mass in diabetic db/db mice.» Biol Pharm Bull. 2007 Feb;30(2):234-6. (Konservierende Wirkung von elektrolysiertem reduziertem Wasser auf Pankreas-Beta-Zell-Masse bei diabetischen db / db-Mäusen.)

12. «Clinical evaluation of alkaline ionized water for abdominal complaints: Placebo controlled double blind tests» by Hirokazu Tashiro (Klinische Bewertung von alkalisch ionisiertem Wasser für abdominale Beschwerden: Placebo-kontrollierte Doppelblind-Tests)

13. «Preliminary observation on changes of blood pressure, blood sugar and blood lipids after using alkaline ionized drinking water» by WANG Yu-lian (Hinweise auf Veränderungen von Blutdruck, Blutzucker und Blutfetten nach der Verwendung von basischem ionisiertem Trinkwasser)

14. Jin D et al., «Anti-diabetic effect of alkaline-reduced water on OLETF rats.» Biosci Biotechnol Biochem. 2006 Jan;70(1):31-7. (Anti-Diabetes-Wirkung von basischem reduziertem Wasser auf OLETF Ratten.)

15. «Anticancer Effect of Alkaline Reduced Water» by Kyu-Jae LEE [PDF]

16. «Clinical Studies on the use and effects of Ionized Alkaline

(Reduced) Water» (Klinische Studien über den Gebrauch und die Wirkung von Ionisiertem Basischem (Reduziertem) Wasser)

Weitere Informationen finden Sie auch auf der Webseite:

www.zentrum-der-gesundheit.de

www.basensaeurengleichgewicht.de

Darmsanierung

Gründe für eine Darmreinigung kann es viele geben. Das Ergebnis nach einer Darmreinigung wird jedoch immer dasselbe sein: Sie fühlen sich besser, attraktiver und leistungsfähiger – und zwar völlig gleichgültig, in welchem Bereich Ihre Gesundheitsprobleme zuvor auftraten.

Der Darm steht mit allen Organen in enger Verbindung. Sein Zustand und seine Funktionsfähigkeit wirken sich auf die Gesundheit aller anderen Organe, aller Gewebe und aller Körperflüssigkeiten aus. In welchem Grade Ihr Wohlbefinden während beziehungsweise nach einer Darmreinigung steigt, hängt von verschiedenen Faktoren ab:

1. Von Ihrem ursprünglichen Zustand
2. Von der Art, wie die Darmreinigung durchgeführt wird (Dauer, Einnahmehäufigkeit der Komponenten, Ernährung, begleitende Nahrungsergänzungen usw.)
3. Von der Art der Darmreinigung

Interessant an **Punkt 1** ist, dass sich der Gesundheitszustand eines Menschen nach einer Darmreinigung oft umso gravierender verbessert, je schlechter es ihm zuvor ergangen war. Als habe der gepeinigte Organismus nur darauf gewartet, dass sein Mensch ihn endlich mit Maßnahmen unterstützt, die es ihm erlauben, allen Ballast zu entfernen und sich wieder in Richtung seines Gleichgewichtes zu bewegen.

Denn das ist das Ziel eines jeden lebendigen Körpers: Ein gesundes Gleichgewicht zu halten und dieses - sollte es einmal verloren gegangen sein - mit aller Macht wieder zurückzugewinnen. Jeder Körper verfügt über diese Selbstregulationsfähigkeit, die man auch Selbstheilungskraft nennt.

Die Selbstregulationsfähigkeit kann jedoch auch schwinden - und zwar in dem Maß, wie die Bedürfnisse des Körpers beispielsweise durch schlechte Nahrung, Bewegungsmangel oder Medikamente missachtet werden. Dann ist es dem Organismus nicht mehr möglich, im Gleichgewicht zu bleiben, geschweige denn dieses aus eigener Kraft wieder zu erlangen.

Eine Darmreinigung erweckt die Heilkraft des Körpers zu neuem Leben. Eine Darmreinigung entgiftet, aktiviert, belebt, reinigt und sorgt auf diese Weise für den Abbau aller Altlasten, um Platz für das Neue und Gesunde zu schaffen.

Punkt 2 weist darauf hin, dass jeder selbst entscheiden kann, wie intensiv die persönliche Darmreinigung durchgeführt wird und wie stark sie infolgedessen wirkt.

Eine Darmreinigung kann beispielsweise 10 Tage oder 3 Monate lang durchgeführt werden, wobei letztere deutlich intensiver ist – vor allem dann, wenn man im Laufe der Zeit die Dosis kontinuierlich steigert.

Auch die Größe der einzelnen Dosen kann individuell angepasst werden. Empfindliche Menschen können beispielsweise täglich nur ½ Portion einnehmen, wodurch die Darmreinigung sanft verläuft. Nimmt man jedoch zwei bis drei Mal täglich eine ganze Portion ein, dann reinigt man den Darm wirklich intensiv.

Ernährt man sich während der Darmreinigung relativ normal, dann verläuft auch die Reinigung eher schwach, weil die gewöhnliche Ernährung immer wieder zur Bildung neuer Toxine und neuer Schlacken sorgt.

Wählt man während der Darmreinigung hingegen eine vitalstoffreiche und basische oder wenigstens basenüberschüssige Ernährung oder baut man einige Suppentage, Safttage oder gar Fastentage ein, intensiviert sich die innere Reinigung massiv.

Entscheidet man sich für die zusätzliche Einnahme von speziellen Nahrungsergänzungsmitteln, die eine Darmreinigung fördern und verstärken, dann erzielt man natürlich auch andere Ergebnisse als ohne diese Zusätze.

Was **Punkt 3** betrifft, so gibt es eine nahezu unüberschaubare Vielfalt an Darmreinigungsprogrammen auf dem Markt, was die Entscheidung nicht gerade leichter macht.

Wichtig ist an dieser Stelle, dass das teuerste und exotischste Reinigungsprogramm nicht zugleich das Beste sein muss.

Auch muss ein effektives Darmreinigungsprogramm nicht aus einer unendlichen Anzahl verschiedener Zutaten oder Komponenten bestehen. Hier ist weniger oft mehr – besonders für Menschen mit Unverträglichkeiten und/oder Allergien.

Die effektivsten Darmreinigungsprogramme bestehen aus drei Hauptbestandteilen, die – ganz nach Wunsch und Bedarf – um zusätzliche Wirkstoffe ergänzt werden können.

Die drei Basis-Komponenten eines

wirksamen Darmreinigungsprogrammes sind:

Flohsamenschalenpulver wird auch Psyllium genannt und dient im Rahmen der Darmreinigung zur Lockerung von Ablagerungen im Verdauungssystem sowie zur Lösung von Toxinen und Stoffwechselabfallprodukten. Flohsamenschalen sollten wirklich nur feinst vermahlen eingenommen werden. Auf dem Markt sind auch sehr preisgünstige Flohsamenschalenpulver erhältlich. Doch sind diese oft nur sehr grob oder gar nicht gemahlen, womit sich der niedrige Preis erklärt. Ungemahlene Flohsamenschalen oder nur grob vermahlene Flohsamenschalen sind jedoch einerseits nicht gut verträglich und andererseits auch nicht so wirksam wie feinst vermahlenes Flohsamenschalenpulver.

Bentonit ist eine Mineralerde, welche die vom Flohsamenschalenpulver gelösten Ablagerungen und Toxine, aber auch schädliche Bakterien an sich bindet, damit diese jetzt einfach mit dem Stuhl ausgeschieden werden können. Bentonit gibt es in Pulverform, in Kapselform und sogar flüssig (also bereits mit reinstem Wasser vermischt). Achten Sie beim Kauf darauf, dass das Bentonit in Lebensmittel- oder Arzneimittelqualität vorliegt, also für die innerliche Anwendung auch geeignet ist.

Ein **Probiotikum** bezeichnet Darmbakterien für den Aufbau einer gesunden Darmflora. Darmbakterien gibt es in Form von flüssigen Präparaten oder als Kapseln. Man entscheidet sich für eines von beiden oder kombiniert beide Probiotika miteinander.

Mit der Dosierung und Einnahmehäufigkeit dieser drei Komponenten lässt sich die Effektivität, sprich die Geschwindigkeit und Intensität der Entgiftung und Schlackenausleitung bereits hervorragend steuern.

Die folgenden Zusatz-Komponenten können die Darmreinigung enorm beschleunigen beziehungsweise die Entgiftungs- und Selbstregulationsfähigkeit des Körpers unterstützen.

Zusätzliche Nahrungsergänzungen sollten ganz nach Bedarf gewählt werden, sind also nicht in jedem Fall nötig und sollten ganz sicher nicht alle auf einmal eingenommen werden. Wählen Sie sorgfältig jene Zusatz-Komponente aus, die Ihrem persönlichen Zustand am besten nützen kann.

1. Sango Meeres Koralle

Wenn Sie von einer Übersäuerung ausgehen oder davon überzeugt sind, dass Ihre bisherige Ernährungsweise Ihnen nicht ausreichend Mineralstoffe und Spurenelemente lieferte, können Sie das Flohsamen-Bentonit-Probiotikum-Darmreinigungsprogramm mit einem natürlichen Mineralstoffkomplex ergänzen, zum Beispiel mit der Sango Meeres Koralle oder auch mit einem siliziumreichen Mineralstoffpräparat.

Auf diese Weise versorgen Sie sich mit basischen Mineralstoffen und Spurenelementen in bester Bioverfügbarkeit, reduzieren eine mögliche Übersäuerung und können Ihre körpereigenen Mineralstoffdepots wieder auffüllen.

2. Grapefruitkern-Extrakt

Leiden Sie unter häufig wiederkehrenden Pilzinfektionen und möchten diesem Spuk ein Ende bereiten? Dann könnten Sie Ihr Darmreinigungsprogramm mit Grapefruitkern-Extrakt, einem natürlichen Mittel gegen Pilze und schädliche Bakterien, ergänzen.

Studien haben außerdem ergeben, dass Grapefruitkern-Extrakt die Gewichtsabnahme unterstützen soll.

3. Chlorella-Algen

Wenn Sie bei Ihrer Darmreinigung besonders die Entgiftung Ihres Organismus zum Ziel haben, dann könnten Sie Ihre Kur mit der Chlorella-Alge kombinieren. Sie kann Gifte – insbesonders Schwermetalle - an sich binden, sodass diese schadlos über den Darm ausgeschieden werden können.

4. Gerstengras

Das Gerstengras unterstützt das Verdauungssystem gleich auf fünffache Weise. Fünf verschiedene Wirkmechanismen können im Laufe einer langfristigen Einnahme zu einer deutlichen Verbesserung der Darmsituation führen.

- ♥ Gerstengras fördert die Bildung einer gesunden Darmflora.
- ♥ Gerstengras wirkt entzündungshemmend.
- ♥ Gerstengras reguliert den Wassergehalt des Stuhls, verhindert damit sowohl Verstopfung als auch Durchfälle.
- ♥ Gerstengras unterstützt die Regeneration der Darmschleimhaut.
- ♥ Gerstengras lindert nicht zuletzt aufgrund seines hohen Chlorophyllgehalts die Gefahr einer Darmkrebsentstehung.

5. Natürliche Präparate zur Parasiten-Bekämpfung

Parasiten können sich im Verdauungssystem einnisten, ohne dass wir es zunächst merken. Im Laufe der Zeit vermehren sie sich jedoch und können dann – je nach Parasit – zu Verletzungen der Darmschleimhaut führen. Darüber hinaus belasten sie den Organismus mit ihren giftigen Stoffwechselprodukten.

Viele Heilpflanzen und Kräuter haben jedoch anti-parasitäre Eigenschaften. Kombiniert man sie mit einer Darmreinigung, dann beugt man auf diese Weise Parasitenbefall vor beziehungsweise schafft ein Milieu, in dem sich Parasiten nicht mehr wohl fühlen.

Zu den Parasiten bekämpfenden Heilpflanzen gehören unter anderem das Laub des Olivenbaums, die Schwarzwalnuss und der Oregano.

Olivenbaumblätter werden als Extrakt eingenommen, von der Schwarzwalnuss nimmt man Extrakte der Schale, und der Oregano wird in Form seines ätherischen Öls eingenommen.

Welche Darmkur ist für Sie die richtige?

Die Darmreinigungsprogramme auf Basis von Flohsamenschalenpulver, Bentonit und einem Probiotikum gibt es in verschiedenen Varianten – abhängig davon,

- wie lange Sie eine Darmreinigung durchführen möchten,
- wie lange Sie am Aufbau Ihrer Darmflora arbeiten möchten,
- welche Art von Probiotikum Sie möchten (flüssig oder Kapseln),
- ob Sie einen Mineralstoff-Komplex brauchen oder nicht und
- ob Sie Shakes oder lieber Kapseln einnehmen möchten.

Soweit die Theorie und nun zur Praxis. Egal, ob Sie Shakes oder Kapseln nehmen. Ich erkläre Ihnen das Prinzip anhand von Kapseln, da ich diese persönlich am praktischsten finde.

Der Flohsamenschalen-Bentonit-Mix

Flexible Darmreinigungsprogramme liefern die drei Hauptbestandteile (Flohsamenschalenpulver, Bentonit, Probiotikum) ***getrennt*** voneinander. Auf diese Weise können Sie die Zutaten ganz indivuell – entsprechend Ihrer Bedürfnisse und Ihres Wohlbefindens – kombinieren, dosieren und immer wieder anpassen.

Vor jeder Einnahme trinken Sie ein Glas *Stilles Mineralwasser*, dann nehmen Sie je 4 Kapseln Bentonit und Flohsamenschalen, die Sie mit einem Glas *Stillen Wasser* trinken.

Aufgrund der großen Quellfähigkeit der Flohsamenschalen ist es wichtig ausreichend Wasser dazu zu trinken.

Gerade diese Quellfähigkeit ist es, die maßgeblich für die Reinigung des Darmes verantwortlich ist.

Das Probiotikum wird separat eingenommen, am besten circa zwei bis drei Stunden nach dem Mix aus Flohsamenschalen und Bentonit.

Wenn Sie die einzelnen Bestandteile nicht jedes Mal extra miteinander mischen möchten und lieber ein Kombi-Präparat bevorzugen, das zudem noch darmwirksame

Kräuter enthält, dann bietet sich für Sie die natürliche Darmreinigung mit Colon Plus an.

Diese Mischung enthält überdies als Quellmittel nicht ausschließlich Flohsamenschalenpulver, sondern auch einen Anteil Leinsamen, was gerade bei empfindlichen Menschen zu einer besseren Verträglichkeit führt. Auch dieses Kombi-Präparat wird mit viel Wasser getrunken. Und auch hier werden zusätzlich Probiotika eingenommen.

Wie viele Einheiten pro Tag?

Die Mischung wird eine Stunde vor oder zwei Stunden nach den Mahlzeiten eingenommen. Normalerweise morgens und abends. Allerdings sollte sich die Einnahmehäufigkeit ganz individuell nach Ihrem Befinden richten.

Natürlich gibt es Einnahmeempfehlungen zu den verschiedenen Darmreinigungsprogrammen. Doch stellen diese tatsächlich nur Empfehlungen dar.

Die letztendlich richtige Dosierung können nur Sie selbst festlegen.

Empfindliche Menschen beginnen beispielsweise am Morgen mit der Hälfte der empfohlenen Psyllium- und Bentonit-Menge, beobachten, wie es ihnen damit geht und steigern sowohl Einzeldosis als auch Anzahl der Kapseln sehr bedächtig.

Weniger empfindliche Menschen können sofort mit der empfohlenen Menge beginnen und steigern diese dann, wenn sie die Darmreinigung noch weiter intensivieren möchten.

In der letzten Woche sollten Sie die Anzahl der Kapseln wieder reduzieren, um das Verdauungssystem langsam auf das Ende der Kur einzustimmen.

6 bis 8 Wochen dauernde Darmreinigung

Eine Darmreinigung ist kein vorhersehbares Geschehen. Bei jedem vollzieht sich die Ausleitung der Stoffwechselabfallprodukte, der Toxine und Ablagerungen in einer anderen Geschwindigkeit, einem anderen Rhythmus und mit anderen Begleiterscheinungen.

So kann es immer mal wieder (vorübergehend!) zu bestimmten Reaktionen kommen (sogenannten Entgiftungskrisen), wie zum Beispiel zu Kopfschmerzen, unreiner Haut, Verdauungsproblemen oder auch zu einer Verstärkung der aktuellen Gesundheitsprobleme.

Ist das der Fall, dann können Sie jederzeit die Dosierung und die Anzahl der Kapseln verringern, um die Ausleitung zu mäßigen.

Tritt zum Beispiel Verstopfung auf, dann nehmen Sie nur noch einmal täglich eine Portion und achten verstärkt auf das Trinken von ausreichend kohlensäurefreiem Wasser. Hat sich Ihr Körper dann an die morgendliche Dosis angepasst, dann kann im

Laufe der Zeit die Menge auf bis zu drei oder vier Portionen gesteigert werden.

Bei einer milden Darmreinigung mit Kapseln werden seltener die oben genannten Reaktionen beobachtet, weshalb man sich hier leichter an die allgemeinen Einnahmeempfehlungen halten kann.

Ernährung während der Darmreinigung

Die Anzahl der Portionen bestimmt die Intensität der Darmreinigung – allerdings immer im Zusammenhang mit der Art Ihrer Ernährung und der Anzahl Ihrer Mahlzeiten.

Es gilt: Je mehr Kapseln Sie einnehmen, je mehr Sie begleitend dazu trinken (reines Wasser), je weniger Sie essen und je basischer Sie essen, desto stärker kann Ihr Organismus entgiften.

Mehr als vier Portionen pro Tag sollten nicht genommen werden. Bei drei bis vier Portionen sollte eine Mahlzeit am Tag mit der Einnahme der Kapseln ersetzt werden. Das heißt, Sie nehmen das Frühstück und das Mittagessen ein und ersetzen das Abendessen mit den Kapseln. Bei zwei Portionen pro Tag können Sie nach wie vor drei Mahlzeiten beibehalten.

Während einer Darmreinigung sollten selbstverständlich jene Nahrungsmittel gemieden werden, die über die Jahrzehnte hinweg überhaupt erst zu den Problemen geführt haben, deretwegen jetzt eine Darmreinigung nötig ist.

Dabei handelt es sich in der Hauptsache um industriell verarbeitete Nahrungsmittel und Getränke sowie um besonders säurebildendes Essen.

Berücksichtigen Sie daher nach Möglichkeit die folgenden Ernährungstipps:

Verzichten Sie möglichst auf sämtliche raffinierten Zucker- und Weißmehlprodukte sowie auf alle zuckerhaltigen Getränke, denn sie belasten den Darm erheblich und stören den Wiederaufbau der Darmflora.

Reduzieren Sie den Verzehr von Fleisch, Fisch und Sojaprodukten auf maximal zwei- bis dreimal wöchentlich. Wurst sollten Sie ganz meiden.

Milchprodukte (Milch, Käse, Joghurt, Quark usw.) - außer Butter und Sahne - sollten während der Darmreinigung nicht verzehrt werden, da sie extrem schleimbildend sind und den Reinigungsprozess behindern.

Trinken Sie keinen Alkohol, da er die Entgiftung behindert und unser wichtigstes Entgiftungsorgan – die Leber - unnötig belastet.

Kaffee gilt nicht nur als Säurebildner, Kaffee und das darin enthaltene Koffein belasten den Körper auf verschiedene Weise. Daher sollten Sie täglich nicht mehr als zwei Tassen trinken. Vielleicht nutzen Sie Ihre

Darmreinigung aber auch für einen endgültigen Kaffee-Abschied?

Konzentrieren Sie sich stattdessen auf die folgenden Lebensmittel:

- ♥ Gemüse (Blattgemüse, Knollengemüse, Fruchtgemüse) können ohne Einschränkung verzehrt werden
- ♥ Salate und Kräuter
- ♥ Früchte, einschließlich Avocados
- ♥ Hülsenfrüchte (über Nacht einweichen, Einweichwasser wegschütten und in frischem Wasser kochen)
- ♥ Glutenfreie Getreide und Pseudogetreide wie Hirse, Quinoa, Amaranth, Buchweizen sowie Teigwaren, Bratlinge, Salate usw.
- ♥ Nüsse, Mandeln und Samen (Leinsaat, Kürbiskerne, Sonnenblumenkerne), auch hieraus lassen sich Bratlinge zubereiten
- ♥ Esskastanien (Maroni)
- ♥ Selbstgezogene Keimlinge aus Linsen, Brokkolisamen, Radieschen, usw.
- ♥ Süssigkeiten aus Nüssen und Trockenfrüchten oder zuckerfreie Früchteriegel aus dem Bio-Handel
- ♥ Naturbelassene Öle zum Beispiel Bio-Olivenöl, Bio-Hanföl, Bio-Leinöl und Bio-Kokosöl

- ♥ Als Getränk ist besonders reines kohlensäurefreies Quellwasser ideal oder gefiltertes Leitungswasser (1,5 Liter täglich), ergänzt von basischen Kräutertees (0,5 Liter täglich).

Ein Beispieltag mit 2 Portionen

Beginnen Sie den Tag mit einem großen Glas Wasser, einer großen Tasse Kräutertee zum Beispiel Basentee oder auch Brennnesseltee für den Morgen.

Nehmen Sie dann Ihre erste Portionen und trinken Sie im Anschluss daran erneut ein großes Glas Wasser.

- ♥ Eine Stunde später nehmen Sie Ihr Probiotikum und frühstücken.
- ♥ Entweder nur Früchte oder frisch gepressten Frucht- oder Gemüsesaft
- ♥ Oder einen grünen Smoothie (köstliches Power-Mixgetränk aus Früchten, grünem Blattgemüse und etwas Wasser)
- ♥ Oder ein basisches Müsli (zum Beispiel Chufli Basic oder Basenmüsli)
- ♥ Oder Vollkorntoast mit vegetarischem Brotaufstrich und - wenn gewünscht - Gemüsesticks (Gurkenstücke, Tomaten, Radieschen, Karotten usw.)

Weitere Frühstücksideen finden sie in meinem Buch: Gesund mit Basischer Ernährung, Rezepte.

Als Zwischenmahlzeit können Sie im Laufe des Vormittags frische Früchte essen oder - wenn es ihn nicht schon zum Frühstück gab - einen grünen Smoothie trinken. Smoothies gibt es auch als Fertigsmoothies in Pulverform, die nur noch mit Wasser angerührt werden.

Auch ein basischer Snack ist ideal, siehe auch mein Buch: Gesund mit Basischer Ernährung.

Ihr Mittagessen

Ein großer Salat aus grünem Blattgemüse (Blattsalate, Radicchio, Zuckerhut, Weisskohl, Rotkohl, usw.), Wildpflanzen (Löwenzahn, Giersch, Vogelmiere, Melde, Portulak usw.), Kräutern und selbst gezogenen Keimlingen.

Auch fein geriebene Wurzel- oder Knollengemüse sollten verwendet werden (zum Beispiel Pastinaken, Rettiche, Kohlrabi, Knollensellerie usw.).

Die Salate werden mit einem Dressing aus Zitronensaft, kalt gepressten hochwertigen Ölen (Hanf-, Lein- oder Olivenöl), wenn gewünscht Algenflocken (zum Beispiel *Salat des Meeres* im Naturkosthandel) und Meer-, Kräuter-, Steinsalz oder einer Brennnesselsamen-Gewürzmischung verfeinert.

Oder eine Gemüsesuppe

Oder kurz gedünstetes Gemüse mit einer glutenfreien Beilage wie zum Beispiel Esskastanien, Hirse, Buchweizen, Quinoa, Amaranth oder Kartoffeln.

Wie schon erwähnt, sollten Sie Ihre Mahlzeiten höchstens zwei- bis dreimal pro Woche mit Fleisch, Fisch oder Sojaprodukten ergänzen.

Im Laufe des Nachmittags trinken Sie etwa ein Liter kohlensäurefreies Quellwasser.

Als Zwischenmahlzeit können Sie eine Handvoll Mandeln essen oder eine Mandelmilch trinken oder einen anderen gesunden Snack genießen.

Trinken Sie Ihre zweite Portion eine Stunde vor dem Abendessen und trinken Sie unmittelbar nach der Einnahme der Kapseln ein großes Glas Wasser.

Eine Stunde später schreiten Sie zum Abendessen und nehmen dazu Ihr Probiotikum.

Zum Abendessen sollte es ein leicht verdauliches Gericht geben, zum Beispiel kurz gedünstetes Gemüse oder Pilzgerichte

Darmreinigung mit 3 Portionen

Wenn Sie drei Portionen pro Tag nehmen, dann ändert sich dieses Programm nur geringfügig.

Bis zum Mittag bleibt alles wie oben beschrieben.

Eine Stunde vor dem Mittagessen werden dann bereits das zweite Mal die Kapseln eingenommen. Im Anschluss daran trinken Sie ein großes Glas Wasser.

Zur Zwischenmahlzeit am Nachmittag nehmen Sie Ihr Probiotikum.

Statt eines Abendessens nehmen Sie Ihre dritte Portion und trinken danach wiederum ein großes Glas Wasser.

Mineralstoffkomplex

Der Mineralstoffkomplex (Sango Meeres Koralle oder Silizium-Präparat) sollte vor dem Flohsamen oder gemeinsam, aber nicht gleichzeitig mit den Mahlzeiten eingenommen werden. Falls Sie die Sango Meeres Koralle in Pulverform einnehmen (es gibt auch Kapseln oder Tabs), gehen Sie folgendermaßen vor: Rühren Sie die erforderliche Tagesmenge der Koralle in ein 200-ml-Glas mit Wasser und trinken Sie davon dreimal täglich ein Drittel oder einfach über den Tag verteilt immer mal wieder ein Schlückchen.

Das Probiotikum wird zwei Mal täglich zu den Mahlzeiten genommen.

Die Empfehlung für den Grapefruitkern-Extrakt zwecks Candida-Bekämpfung lautet: Zwei Mal täglich je 5 Tropfen in ein Glas stilles Wasser geben und trinken (morgens nüchtern 15 Minuten vor der Kapseleinnahme und dann noch einmal abends vor dem Zubettgehen).

Chlorella-Algen können ganz individuell dosiert werden, zum Beispiel zweimal vier Tabletten. Man nimmt sie am besten zu den Mahlzeiten.

Gerstengraspulver kann einfach in grüne Smoothies, in Wasser, Säfte, Salatdressings, aber auch in warme (nicht heiße!) Suppen gerührt werden.

Die Präparate zur Parasiten-Bekämpfung sollten der Empfehlung des Herstellers entsprechend eingenommen werden.

Wenn Sie Medikamente nehmen müssen

Falls Sie Medikamente gleich welcher Art (dazu gehört auch die Antibabypille) einnehmen müssen, so nehmen Sie die Kapseln bitte im Abstand von drei Stunden zu Ihren Arzneimitteln, da sonst deren Wirkung unter Umständen eingeschränkt wird. Schließlich ist die Aufgabe des Bentonits die Entgiftung und da Medikamente im Grunde körperfremde Giftstoffe sind, würden sie auch entgiftet werden.

Maßnahmen, welche die Wirkung einer Darmreinigung beschleunigen und unterstützen können, sind die folgenden:

1. Bewegung: Wenn Sie nicht sowieso Sport treiben, dann sollten Sie jetzt täglich wenigstens einen flotten Spaziergang von mindestens einer halben Stunde absolvieren oder sich ein Zimmertrampolin anschaffen, worauf Sie täglich zweimal je 10 bis 20 Minuten schwingen.
2. Trinken Sie frisch gepresste Gemüsesäfte oder natürliche Basendrinks,

zum Beispiel aus Weizengraspulver, Brennnesselblattpulver, Löwenzahnpulver oder Petersilienblattpulver

3. Unterstützen Sie Ihre Leber: Die Leber als Ihr Entgiftungsorgan Nr. 1 wird bei einer Darmreinigung erst tüchtig gefordert, bevor dann schließlich auch sie entlastet wird und entspannen kann. Die Leber kann insbesondere mit Bitterstoffen in ihrer entgiftenden Tätigkeit unterstützt werden. Bitterstoffe finden sich in bestimmten Salaten und Gemüsearten, wie zum Beispiel Endiviensalat, Chicoree, Artischocken usw., können aber auch in Form von Löwenzahnwurzelextrakt oder einem hochwertigen Kräuterbitter aufgenommen werden.
4. Einläufe: Wer die Wirkung eines Einlaufes erst einmal erlebt hat, wird es gar nicht mehr glauben können, dass er/sie sich einst so dagegen gesträubt hat. Einläufe können äußerst bequem zu Hause mit Hilfe eines Einlaufsets (Irrigator) durchgeführt werden. Schon nach kurzer Zeit entwickelt man

eine gewisse Einlauf-Routine und erkennt erst dann die unglaubliche Wirkung von Einläufen. Ablagerungen und Stoffwechselgifte werden rascher aus dem Körper gespült, der Darm erhält außerdem eine Art Massage von innen und der sogenannte Einlaufeffekt führt über die Reflexpunkte im Darm zu kräftigen Impulsen, die eine Selbstheilung einleiten können.

5. Massagen: Bürstenmassagen bringen das Lymphsystem in Schwung und fördern so ganz außergewöhnlich die Entgiftung und Schlackenausleitung. Bauchmassagen helfen zusätzlich, die Peristaltik Ihres Darms zu aktivieren und Ablagerungen im Darm zu lösen. Massieren Sie zu diesem Zweck Ihren Bauch rund um den Bauchnabel im Uhrzeigersinn etwa 10 bis 15 Minuten lang, am besten morgens vor dem Aufstehen, wenn Sie noch im Bett liegen.

Bleiben Sie gesund!

Eine Darmreinigung gehört – gemeinsam mit einer möglichst naturbelassenen Ernährungsweise – zu den wirkungsvollsten vorbeugenden Gesundheitsmaßnahmen, die uns bekannt sind.

Kaum eine andere Methode wirkt sich ähnlich positiv auf den gesamten Organismus aus wie eine konsequent durchgeführte Darmreinigung mit den richtigen Zutaten.

Je nach Lebens- und Ernährungsweise kann eine Darmreinigung regelmäßig ein- bis zweimal jährlich praktiziert werden (zum Beispiel im Frühjahr und im Herbst), sodass sich – auch wenn Sie zwischendurch gelegentlich *sündigen* – erst gar keine Stoffwechselabfallprodukte und Toxine im Körper dauerhaft einlagern können und der Organismus sauber und gesund bleibt.

Teil 3

Basische Lebensmittel

Obst

Ananas
Apfel
Aprikose
Avocado
Banane
Birne
Clementine
frische Dattel
Erdbeere
Feige
Gojibeere
Grapefruit
Heidelbeere
Himbeere
Honigmelone
Johannisbeere (rot, weiß, schwarz)
Kirsche (sauer, süß)
Kiwi
Limette
Mandarine
Mango
Mirabelle
Nektarine
Olive (grün, schwarz)
Orange
Pampelmuse

Papaya
Pfirsich
Pflaume
Preiselbeere
Quitte
Reineclaude
Stachelbeere
Sternfrucht
Wassermelone
Weintraube (weiß, rot)
Zitrone
Zwetschge

Pilze

Austernpilz / Austernseitling
Champignon
Egerling
Flaschenbovist
Kräuterseitling
Maronenröhrling
Morchel/Mu-Err-Pilz
Pfifferling
Riesenbovist
Schopftintling
Shiitake
Steinpilz
Trüffelpilz

Gemüse

Alge (Nori, Wakame, Hijiki, Chlorella, Spiruna)
Aubergine
Bleichsellerie (Staudensellerie)
Blumenkohl
Bohnen, grün
Boviste
Brokkoli
Chicoree
Chinakohl
Erbsen, frisch
Erdmandel
Fenchel
Frühlingszwiebel
Grünkohl
Gurke
Karotte
Kartoffel
Knoblauch
Kohlrabi
Kürbisarten
Lauch (Porree)
Mangold
Maroni (Esskastanien)
Navetten (weiße Rübchen)
Okraschote

Paprika
Pastinake
Petersilienwurzel
Radicchio
Radieschen
Rettich (weiß, schwarz)
Romanesco (Blumenkohlart)
Rote Beete
Rotkohl
Schalotte
Schwarzwurzel
Spargel (gesund, aber nicht basisch)
Spitzkohl (Zuckerhut)
Stielmus
Süßkartoffel
Weißkohl
Wirsing
Zucchini
Zwiebeln

Kräuter und Salate

Basilikum
Bataviasalat
Bohnenkraut
Borretsch
Brennnessel
Brunnenkresse

Chicoree
Chilischoten
Chinakohl
Colakraut
Dill
Eichblattsalat
Eisbergsalat
Endivien
Feldsalat
Fenchelkraut und -samen
Friseesalat
Gänseblümchen
Gartenkresse
Giersch
Ingwer
Kapern
Kapuzinerkresse
Kardamom
Kerbel
Kopfsalat
Koriander
Kreuzkümmel
Kümmel
Kurkuma (Gelbwurz)
Liebstöckel
Löwenzahn
Lollo-Bionda-Salat
Lollo-Rosso-Salat
Majoran
Meerrettich

Melisse
Muskatnuss
Nelken
Oreganum
Petersilie
Pfeffer (weiß, rot, schwarz, grün)
Pfefferminze
Pflücksalat
Piment (Nelkenpfeffer)
Portulak (Postelein)
Radicchio
Ringelblumenblüten
Romanasalat
Rosmarin
Rucola (Rauke)
Safran
Salbei
Sauerampfer
Schlüsselblume (Blätter, Blüten und Wurzel)
Schnittlauch
Schwarzkümmel
Sellerieblätter
Spinat, jung
Thymian
Vanille
Wermut
Ysop
Zimt
Zitronenmelisse
Zucchiniblüten

Sprossen und Keime

Adzukibohnen-Sprossen
Alfalfa-Sprossen
Amaranth-Sprossen
Bockshornklee-Sprossen
Braunhirse-Sprossen
Broccoli-Sprossen
Buchweizenkeimlinge
Gerstenkeimlinge
Hirse-Sprossen
Kohlrabi-Sprossen
Koriander-Sprossen
Kresse
Leinsamen-Sprossen
Linsen-Sprossen
Mungobohnen-Sprossen
Radieschensprossen
Rettich-Sprossen
Rucola-Sprossen
Senfsprossen
Sonnenblumenkerne-Sprossen
Weizenkeimlinge

Nüsse und Samen

Erdmandeln
Mandelmus
Mandeln
Maroni (Esskastanien)

Hinweis:

Alle anderen Nüsse/Samen/Ölsaaten gehören zu den guten Säurebildnern. Ihr Säurepotential kann durch Einweichen über Nacht, also kurzes Ankeimen, noch weiter vermindert werden. Und je länger sie keimen, desto basischer werden sie.[9]

Eiweiß

Bohnen
Chiasamen
Erbsen
Hanfprotein
Hanfsamen
Linsen
Lupinenmehl

9 Quelle: Akademie für Naturheilkunde

Nudeln

Basische Konjak-Nudeln

Getränke

- kohlensäurefreies Mineralwasser
- alle Obst- und Gemüsesäfte, die in einer Safpresse mit Schneckengetriebe entsaftet wurden
- Ingwerwasser
- Kräutertees ohne zusätzliche Aromen
- Zitronenwasser
- Pflanzenwasser, wie Kokoswasser, Ahornwasser, Kaktuswasser oder Birkenwasser

Kombinieren Sie saure Lebensmittel!

Saure beziehungsweise säurebildende Lebensmittel sollten möglichst immer mit basischen Lebensmitteln kombiniert werden. Denn säurebildende Lebensmittel sind nicht in jedem Falle automatisch auch schlecht und ungesund.

Im Gegenteil: Es gibt Lebensmittel, die zwar durchaus säurebildend wirken können, aber gleichzeitig sehr gesund sind, wie zum Beispiel Nüsse, Pseudogetreide (Quinoa, Amarant, Hirse) oder Hülsenfrüchte.

Auch die sauer wirkenden Mineralstoffe sind essentiell und wichtig, aber eben nicht im Überschuss.

Im Gegensatz zu den schlechten Säurebildnern wirken die guten Säurebildner außerdem nur auf wenigen Ebenen säurebildend.

Die guten Säurebildner sollten unbedingt in die basenüberschüssige Ernährung integriert werden, während man die schlechten Säurebildner besser konsequent meidet oder sie nur in Ausnahmefällen verspeist.[10]

[10] Quelle: Akademie für Naturheilkunde

Gute Säurebildner

Zu den guten säurebildenden Lebensmitteln gehören:

- Nüsse (Walnüsse, Haselnüsse, Paranüsse, Pekannüsse, Macadamianüsse usw.)
- Ölsaaten (Leinsaat, Sesam, Hanfsaat, Sonnenblumenkerne, Kürbiskerne, Mohn usw. Lässt man die Saaten keimen, werden sie – je nach Keimdauer – basisch
- Hülsenfrüchte (Kernbohnen, Linsen, Kichererbsen, getrocknete Erbsen usw.)
- Kakaopulver in hoher Qualität, am besten in Rohkostqualität sowie selbstgemachte Schokolade
- Hirse
- Mais (zum Beispiel auch Polenta, Maisteigwaren) in kleinen Mengen
- Pseudogetreide (Quinoa, Amaranth, Buchweizen)
- Bio-Getreide (zum Beispiel Dinkel, Kamut oder Gerste) in kleinen Mengen – idealerweise als Keimbrot oder in Sprossenform (wenn keine Unverträglichkeiten oder Gesundheitsbeschwerden vorliegen)
- Getreideprodukte wie Bulgur und Couscous in kleinen Mengen, aber aus Dinkel, nicht aus Weizen

- Spargel
- In überschaubaren Mengen hochwertige tierische Produkte aus biologischer Landwirtschaft: zum Beispiel Bio-Eier oder Fisch aus Bio-Aquakultur
- Hochwertiger Bio-Tofu und hochwertige fermentierte Sojaprodukte wie Miso und Tempeh
- Hochwertige pflanzliche Proteinpulver (wenn ein Proteindefizit besteht) wie Hanf- oder Reisprotein [11]

---

11 Quelle: Akademie für Naturheilkunde

Schlechte Säurebildner

Zu den schlechten säurebildenden Lebensmitteln gehören:

- Alkohol- und koffeinhaltige Produkte
- Eier aus konventioneller Landwirtschaft
- Essig
- Fleisch aus konventioneller Landwirtschaft
- Fleischbrühe, Wurstwaren, Schinken
- Fisch und Meeresfrüchte aus konventioneller Aquakultur oder aus belasteten Regionen stammend
- Fertigprodukte aller Art, insbesondere solche aus konventioneller Erzeugung
- Fertiggetränke wie Softdrinks (zum Beispiel Limonade, Cola), Fruchtsaft aus Konzentrat, Isodrinks, Proteindrinks, Milchshakes, Drinks zum Abnehmen
- Getreideprodukte aus Auszugsmehlen (Back- und Teigwaren wie Kuchen, Gebäck, süße Teilchen, Nu-

deln, manche Frühstückscerealien wie zum Beispiel Cornflakes, Fertigmüslis, Crispies, Crunchies usw.)

- Kaffee, auch Getreide-, Instant- und koffeinfreier Kaffee
- Ketchup
- Kohlensäurehaltige Getränke
- Milch und Milchprodukte: Quark, Joghurt, Kefir und alle Käsesorten, auch von Schaf und Ziege; gerade auch alle fettarmen Milchprodukte; Ausnahme Butter, Ghee und Sahne (in Bio-Qualität, die neutral eingestuft werden)
- Produkte aus Gluten (Seitan), zum Beispiel vegetarische Würste, Aufschnitt, Bolognese etc.
- Stark verarbeitete Sojaprodukte (insbesondere das texturierte Sojaprotein, das mit TVP abgekürzt wird und in getrockneter Form als Grundlage für Hackfleischersatz, Gulaschersatz o. ä. angeboten wird)
- Sämtliche Produkte, die Zucker enthalten
- Süßungsmittel wie Dicksäfte, aber auch Honig
- Speiseeis, auch Wasser-, Soja- und Joghurteis – Ausnahme: Basisches

Eis

- Senf
- Sauerkonserven
- Tee (schwarzer Tee, Früchtetee, Eistee usw., lediglich Kräutertees sind basisch, sogar hochbasisch) [12]

---

12 Quelle: Akademie für Naturheilkunde

Teil 4

Krankheiten

Beispiele

Lösungen

Erfahrung mit der Medizin

Unheilbar! So eine Diagnose ist der Hammer und es machte mich zuerst sprachlos. Und als ich meinen Arzt fragte: «Wie unheilbar? Was kann ich denn tun?», bekam ich zur Antwort: «Sie können gar nichts machen! Jetzt können wir Ihnen die Schmerzen mit Schmerzmitteln und Kortison erträglich machen. Oder ich kann Ihnen, wenn die Schmerzen nicht mehr therapierbar sind, eine neue Hüfte einbauen!»

Schöne Aussichten! Ich wollte keine neue Hüfte, und Schmerzmittel, Cortison usw. waren für mich untragbar. Cortison schwemmt den Körper auf und macht die Leber krank. Schmerzmittel schädigen Leber und Nieren. Also, was soll das? Tabletten nehmen, um dann noch andere Krankheiten zu bekommen?

Ich habe mich auf die Suche gemacht und mich gefragt: «Was kann ich tun, um diese Diagnose umzukehren?

Unheilbar?

Für wen?

Für Ärzte?

Und für mich?»

Ich habe mich nicht damit abgefunden, sondern im Internet recherchiert und die Basische Ernährung für mich gefunden. Dann habe ich mit meinem Arzt darüber gesprochen, was er darüber weiß und ob er das für aussichtsvoll hält.

Er sagte: «Wenn Sie diesen Weg gehen wollen, dann kann ich nichts mehr für Sie tun. Dann müssen Sie diesen Weg alleine gehen, aber ich sage Ihnen, es ist ein langer Weg.»

Ich verabschiedete mich: «Dann werde ich diesen Weg gehen und vielleicht komme ich wieder, vielleicht aber auch nicht.»

Ich fand eine Seite im Internet, die eine Gebrauchsanweisung in petto hatte, wie man sich ernähren kann und die Schmerzen der Arthrose verschwinden. Also kaufte ich Obst, Gemüse, Salat und Mandeln ein.

Zuerst war ich skeptisch. Hatte ich denn etwas zu verlieren? Nein! Und eine Alternative hatte ich auch nicht, denn Medikamente und Operation kamen für mich nicht in Frage.

Ergo habe ich meine Ernährung geändert, neue Rezepte ausprobiert und mich an das mir unbekannte Thema ganz langsam herangetastet.

Außerdem hatte ich 20 Kilo Übergewicht, ist auch nicht wirklich nützlich, wenn man seine Gelenke schonen will.

Das Aufstehen am Morgen war die Hölle und die ersten Schritte wurden zur Qual, solange, bis ich mich ein wenig eingelaufen hatte.

Dann änderte ich mein Leben.

Nach einem großen Glas Wasser ging ich mit meiner Hündin spazieren. Mindestens eine halbe Stunde waren wir morgens im Wald unterwegs, meist sogar länger. Bis mittags um 13 Uhr habe ich Obst gegessen, anfangs viel, weil ich immer Hunger hatte, später konnte ich das reduzieren.

Mittags gab es eine große Schüssel bunten Salat, mit Olivenöl, Zitrone, Salz und Pfeffer, und wieder eine ausgiebige Runde mit dem Hund. Mein Nachmittagssnack bestand aus Obst, Mandeln oder getrockneten Früchten und abends dünstete ich mir Gemüse. Ich hätte nie gedacht, dass es so tolle Gemüserezepte gibt. Ich war immer eher der Vespertyp: Butterbrot mit Wurst oder Käse, zwar Vollkornbrot, aber eben zu viele Kohlehydrate.

Zusätzlich meldete ich mich im Fitnessstudio an und ging regelmäßig trainieren. In den ersten drei Monaten verlor ich ein paar Kilos und nach ungefähr zehn Tagen konnte ich das Schmerzmittel weglassen. Die Schmerzen waren fast komplett verschwunden. Nach drei Monaten war ich absolut schmerzfrei. Ein super gutes neues Lebensgefühl. Es machte wieder Spaß morgens aufzustehen und durch den Wald zu laufen.

Die Ernährungsumstellung habe ich zwar nicht komplett von Anfang an geschafft, aber je besser ich mich fühlte, desto konsequenter habe ich mich daran gehalten, mich basisch zu ernähren. Ich habe über gesunde Ernährung viel gelesen und viel gelernt. Das mündete zwangsläufig in einer Ausbildung zur Holistischen Gesundheitsberaterin, die ich mit einer sehr guten Note abgeschlossen habe.

Danke, sage ich immer wieder, danke, dass ich so viel lernen durfte. Danke, dass ich wieder gesund bin. Danke, dass das Leben wieder schön ist.

Nach zwei Jahren hatte ich 18 Kilo abgenommen und mein altes Leben hinter mir gelassen, habe mein Haus verkauft und bin ins Oberbergische Lindlar gezogen. Ich wohne dort zur Miete, habe fast dreitausend Quadratmeter Grund und baue mir mein Gemüse, meinen Salat und mein Obst selbst an. Alles ohne chemische Zusatzstoffe. Ich hätte nie gedacht, dass selbst gezogenes Essen so lecker ist. Die Schlangengurken entsprechen zwar nicht den Normen, sie sind manchmal ziemlich krumm, dafür sind sie aber viel leckerer und frischer.

Meine Zucchinis waren im ersten Jahr so groß wie Kürbisse und hatten einen wunderbaren Geschmack. Für die Eierproduktion habe ich mir Laufenten angeschafft. Sie sind aber auch im Garten sehr nützlich, denn sie fressen alle Schnecken auf.

Ich habe meinen Ernährungsplan Stück für Stück aufgebaut. Es kamen immer mehr leckere Gerichte dazu und durch meine Ausbildung auch ein umfassendes Wissen über die Entstehung und Heilung von Krankheiten.

Meine persönliche Überzeugung ist folgende:

Unheilbar sagen die Ärzte dann, wenn die Medizin an ihre Grenzen stößt, wenn die Pharmaindustrie ihre chemischen Mittelchen verkaufen will und Gelder für die Erforschung der Ursachen einer Krankheit nicht bewilligt werden.

Welcher Pharmariese will schon, dass die Kranken sich gesund ernähren, um wieder gesund zu sein? Dann verdienen sie nichts mehr!

Welcher Arzt will uns wirklich gesund sehen? Dann wird der Arzt überflüssig und er verdient nichts mehr.

Mein Zahnarzt sagte einmal zu mir: «Wenn ich nur Patienten wie Sie hätte, würde ich nichts mehr verdienen!» Meine Zähne sind in Ordnung, ich habe kein Karies und auch keinen Zahnstein. Also, was will er da verdienen? Der Arzt braucht Patienten!

Mein Hausarzt meinte sogar zu mir: «Ich glaube nicht, dass die basische Ernährung gut für Sie ist! Sie wissen doch, dass man frühstücken soll, wie ein Kaiser, Mittags essen wie ein König und Abends essen wie ein Bettler! Wo wollen Sie denn die Energie hernehmen, wenn Sie nur Gemüse und Obst, aber kein Fleisch essen?»

Was meinte er damit? Dass es doof ist, wenn ich keine Medikamente mehr brauche?

Naja, ich weiß, worüber ich rede beziehungsweise schreibe: Die basische Ernährung ist für alle Menschen gut, die vital und gesund bis ins hohe Alter leben wollen.

Körperliche und geistige Vitalität, Gesundheit und Beweglichkeit bis ins biblisch hohe Alter! Wer will das nicht? Der Preis dafür ist relativ gering:

Essen wir alles, was die Schimpansen essen. Essen wir Obst, Gemüse, Wildkräuter, Saaten, Keime, Wurzeln, Salate, hochwertige Öle und lassen alle tierischen Produkte, alle industriell verarbeiteten, gentechnisch veränderten und pasteurisierten und homogenisierten Lebensmittel weg!

Das Leben ist schön! Auch ohne Kaffee, schwarzen Tee, Alkohol, Brötchen und Fleisch!

Unheilbare Krankheiten

Wer die Diagnose «unheilbare Krankheit», wie Krebs, Arthrose oder Ähnliches erhält und Informationen zu Ursache und Heilung seiner Erkrankung wünscht, wird bitter enttäuscht. Die deprimierende Antwort lautet: Unheilbar Diese Information ist allerdings schlicht und ergreifend falsch. Ich erkläre Ihnen, was meiner Meinung nach zu tun ist.

Diese Krankheiten sind durch Ernährung und durch die Heilung der eigenen Seele beeinflussbar. Die Schulmedizin bietet trotzdem zahlreiche Therapien und kostspielige Operationen an. Keine kann wirklich heilen. Erfahrungsberichte von Menschen, die ihre Arthrose oder andere Erkrankungen zum Anlass nahmen, ihr Leben und ihre Ernährung zu ändern, zeigen jedoch: Arthrose, Gicht, Rheuma usw. sind – je nach Stadium – durchaus so beeinflussbar, dass die Symptome – ganz ohne Medikamente und Operationen – durch eine Ernährungsumstellung komplett verschwinden können.

Beispiel Arthrose

Arthrose ist die häufigste Form aller Gelenkerkrankungen. Allein in Deutschland sind fünf bis acht Millionen Menschen von Arthrose betroffen. Andere Quellen sprechen gar von 15 Millionen. Das entspricht mindestens zwölf Prozent der erwachsenen Bevölkerung in Deutschland. Darunter sind viele, die nicht nur an einem, sondern an bis zu sechs Gelenken gleichzeitig unter Arthrosebeschwerden leiden. Im Jahr 2004 wurden etwa sieben Milliarden Euro allein für die Behandlung der Arthrose in Deutschland aufgewandt – mit steigender Tendenz.

Kennzeichen der Arthrose ist die immer dünner werdende Knorpelschicht eines oder mehrerer Gelenke. Der Knorpel ist jene schützende und elastische Schicht, die sich auf den beiden Knochenenden befindet, die das entsprechende Gelenk bilden. Eine gesunde Knorpelschicht fungiert als Stoßdämpfer bei plötzlichen und harten Bewegungen und ermöglicht einen reibungslosen Bewegungsablauf.

Wenn sich der Knorpel bei fortschreitender Arthrose immer weiter und schließlich ganz auflöst, dann reiben die beiden Knochenenden irgendwann ungeschützt aneinander. Im Knochengewebe kommt es infolgedessen zu krankhaften Veränderungen und Verhärtungen. Bewegungen werden immer eingeschränkter und sind dann letzten Endes nur noch unter Schmerzen möglich.

Arthrose kann von Schwellungen und schmerzhaften Entzündungen im Gelenk begleitet werden, tritt aber auch oft ohne Entzündungsprozess auf und beginnt mit Steifheitsgefühlen im betroffenen Gelenk. Im weiteren Verlauf kommt es zu Belastungsschmerz, später zu Dauerschmerz mit Bewegungseinschränkung. Arthrose kommt besonders häufig am Knie- und Hüftgelenk sowie in den Hand- und Fingergelenken vor. Sie können alle anderen Gelenke aber genauso befallen.

Manchmal ist Arthrose die Folge eines Unfalls, einer angeborenen Fehlstellung der Gelenke oder auch einer übermäßigen Belastung bei bestimmten Leistungssportarten. Doch hat die Mehrzahl der Betroffenen weder einen angeborenen Gelenkstellungsfehler noch Leistungssport betrieben und auch keinen Unfall gehabt. In solchen Fällen kennt die Schulmedizin die Ursache der Arthrose zwar nicht, therapiert aber dennoch munter drauflos.

Stellen Sie sich vor, Ihr defekter Computer ist in der Werkstatt. Nach einem ausführlichen Check erklärt man Ihnen, man habe zwar die Ursache nicht gefunden, werde aber den Prozessor mal rasch austauschen. Mit einer großen Portion Glück war das Problem tatsächlich der Prozessor und Ihr PC springt jetzt wieder an. Was aber, wenn die Festplatte defekt ist? Wenn also die Ursache eines Defektes oder einer Krankheit unbekannt ist, dann werden Auf-gut-Glück-Reparaturen selten von dauerhaftem Erfolg gekrönt sein und echte Heilung wird gar vollkommen unmöglich.

Das hat die Schulmedizin ebenfalls erkannt. Statt jedoch die wirkliche Ursache zu ergründen, wird Arthrose als erblich bedingte Alterserscheinung klassifiziert und daher ganz klipp und klar als unheilbar bezeichnet. Widerrede zwecklos. Im Grunde bedeutet das aber nur, dass die Schulmedizin diese Krankheit nicht heilen kann, sie aber unter Umständen sehr wohl geheilt oder zumindest gestoppt werden könnte, wenn die tatsächliche Ursache gefunden würde.

Nun kann der menschliche Organismus natürlich nicht immer und ausnahmslos mit der Computertechnik verglichen werden. Im Falle der Arthrose ist es sogar so, dass ein PC sich zwar keine neue Festplatte wachsen lassen, ein menschlicher Körper aber sehr wohl neue Knorpelmasse aufbauen kann – und zwar ganz ohne verflüssigte Hahnenkämme, die mit Hilfe mehrfacher Injektionen direkt ins Gelenk platziert werden.

Ursache von Arthrose

Die Schulmedizin sucht normalerweise nicht nach der wirklichen Ursache von Arthrose beziehungsweise ignoriert diese. Der Patient klagt über Schmerzen im Gelenk, also ist die Ursache im Gelenk zu suchen. Wenn man dieses nun schulmedizinisch untersucht, dann stellt man fest: «Oh, da ist ja gar kein Knorpel mehr vorhanden (oder nur sehr wenig)!» Die Ursache des Schmerzes ist also der nicht vorhandene Knorpel. Was will man mehr? Wo kein Knorpel, da Arthrose und deshalb Schmerz.

Und so konzentriert sich die Schulmedizin normalerweise - Ausnahmen bestätigen die Regel - auf den nicht vorhandenen Knorpel und sonst auf nichts. Möchte man von den behandelnden Fachärzten nun wissen, warum denn der Knorpel verschwunden ist, dann wird man mit den unbefriedigenden Worten Altersbedingte Abnutzung ruhiggestellt.

Abgesehen von den schmerzhaften oder einschränkenden Beschwerden und der ohnehin schon wenig erheiternden Diagnose Arthrose schwächen solche Worte jeden Patienten noch zusätzlich, drücken sie doch eine gewisse Geringschätzung des Alters in Kombination mit dem Hinweis auf eine totale Ausweglosigkeit aus. Schließlich weiß jeder, die Chance, in absehbarer Zeit jünger zu werden, ist gering. Und so bereitet sich die Mehrheit der Arthrosekranken bereits seelisch auf die Implantierung eines künstlichen Gelenks vor.

Wer die Diagnose Arthrose bereits in jüngeren Jahren zu hören bekommt, hat ganz besonderes Pech, weil derjenige - nach Meinung der Schulmedizin - praktisch frühzeitig zu altern droht, (wenn nicht gerade ein Unfall der Auslöser war), gleichzeitig aber für ein künstliches Gelenk noch viel zu jung ist. Die Lebensdauer eines solchen beträgt circa 15 Jahre. Wenn Ihr Arzt Ihnen also freudestrahlend verkündet, Sie hätten endlich das passende Alter für ein künstliches Gelenk erreicht, dann wissen Sie, er gibt Ihnen noch höchstens 15 Jahre.

Obwohl die Prognose bei Arthrose gleichmütig als insgesamt eher ungünstig bezeichnet wird, soll man – so heißt es – auf jeden Fall die therapeutischen Möglichkeiten voll ausschöpfen. Das erinnert an einen Aufruf im Sinne von «Leute, euch ist sowieso nicht mehr zu helfen, aber stellt euch doch bitte als Testkandidat für all unsere schönen (aber relativ erfolglosen) Therapien zur Verfügung!»

Schulmedizinische Therapie

Die schulmedizinische Therapie von Arthrose konzentriert sich nicht auf die Symptome selbst. Zuerst muss der Schmerz ausgeschaltet und die Entzündung unterdrückt werden. Dann richtet sie ihren Fokus auf den Knorpelaufbau mittels Injektionen, zum Beispiel die Eigenblutbehandlung, (mein Arzt hatte mir das auch empfohlen und ich habe dem zugestimmt. Es war eine schmerzhafte Prozedur und es hat nicht wirklich gut geholfen,) und Operationen. Zuletzt wird ein künstliches Gelenk eingesetzt.

Arthrose-Medikamente

Arthrose-Medikamente müssen dauerhaft eingenommen werden. Sobald sie abgesetzt werden, kommen Schmerz und Entzündung wieder. Zu den sogenannten Basistherapeutika bei Arthrose – das ist praktisch die medikamentöse Grundausstattung bei einer ausgeprägten Arthrose – gehören sehr starke Mittel wie Immunsuppressiva und Zytostatika.

Immunsuppressiva sind Medikamente, die auch dann verabreicht werden, wenn jemand eine Organtransplantation hinter sich hat. In diesem Fall sollen sie das Immunsystem des Betroffenen so weit drosseln, dass sein neues Organ vom eigenen Körper nicht abgestoßen wird. Das Immunsystem von Arthrosekranken arbeitet ebenfalls auf Hochtouren, was sich in den bekannten schmerzhaften Entzündungen äußert.

Nun initiiert der Körper eine Entzündung nicht aus purer Langeweile, sondern weil er einen Grund dafür hat! Dieser Grund aber wird ignoriert. Würden Sie auch die rote Warnlampe in Ihrem Auto ignorieren, die aufleuchtet, wenn das Benzin knapp wird?

Ja, mehr noch, würden Sie sie mit Klebeband überkleben, weil Ihnen das ständige Aufblinken auf die Nerven geht? Nein, Sie geben Ihrem Auto, was es braucht: Benzin.

Ihrem Körper aber geben Sie nicht, was er braucht. Seine Warnlampe wird überklebt – mit Schmerzmitteln, Entzündungshemmern und Immunsuppressiva.

Was geschieht, wenn Arthrosekranke Immunsuppressiva einnehmen?

Die Entzündung geht vorerst zurück. Prima! Was aber geschieht noch? Das Immunsystem und somit die Selbstheilungskräfte des Körpers werden medikamentös betäubt und unterdrückt. Der Körper wird für sämtliche Infektionen immer anfälliger und insgesamt immer schwächer. Es wird nicht lange dauern und ein Zipperlein jagt das nächste.

Zytostatika

Zytostatika sind jene Medikamente, die man Krebskranken unter der Bezeichnung Chemotherapie angedeihen lässt. Wer an besonders schwerer Arthrose leidet und diese Mittel erhält, wird alsbald auch die üblichen Nebenwirkungen einer jeden Chemotherapie am eigenen Leibe erleben: Übelkeit, Haarausfall, Fieber, erhöhtes Infektionsrisiko, Nierenfunktionsstörungen, Leberwerterhöhung und Blutbildungsstörung.

Blut aber ist unser Lebenssaft. Wenn unser Blut nicht in Ordnung ist, dann sind wir nicht in Ordnung. Medikamente, die Blut zerstören, zerstören Leben, können also gewiss nicht nützlich sein oder gar heilen. Die Entstehung bösartiger Tumore steht ebenfalls auf der langen Liste der möglichen Nebenwirkungen. Falls sich der Patient noch im gebärbeziehungsweise zeugungsfähigen Alter befindet, kann es nach der Einnahme von Zytostatika außerdem für die Familienplanung zu spät sein. Diese Medikamente können Frauen dauerhaft steril und Männer zeugungsunfähig machen.

Biologicals

Seit wenigen Jahren werden zur Entzündungshemmung auch Biologicals verordnet, was häufig mit Biologische Medikamente übersetzt wird und außerordentlich naturbelassen klingt. In Wirklichkeit handelt es sich um das genaue Gegenteil von Natur.

Biologicals sind gentechnologisch hergestellte Medikamente. Über mögliche gefährliche Langzeitwirkungen weiß man weniger als nichts, und so werden sie nur bei solchen Patienten eingesetzt, die sich bisher als therapieresistent erwiesen haben. Mit anderen Worten: Wenn andere Medikamente nicht mehr anschlagen und der Patient sich vor Schmerz windet, wird er automatisch Teilnehmer an der Biological-Langzeitstudie.

Cortisonfreie Schmerzmittel

Nun erhält nicht gleich jeder Arthrosegepeinigte solche schweren Geschütze. Die medikamentöse Therapie beginnt gewöhnlich mit den cortisonfreien Schmerzmitteln (NSAP für nichtsteroidale Antiphlogistika). Der Wirkstoff dieser Schmerzmittel ist oft Diclofenac oder die berühmte Acetyl-Salicyl-Säure. Sie werden weltweit gegen Schmerzen aller Art eingesetzt.

Es handelt sich also nicht um spezielle Arthrose-Medikamente, sondern um ganz gewöhnliche Schmerzmittel, die allgemein Schmerzen betäuben, Entzündungen hemmen, folglich Schwellungen zurückgehen lassen und Fieber senken. Ganz nebenbei verdünnen sie das Blut. Solche Medikamente werden auch beispielsweise gegen Kopfschmerzen und zur Vorbeugung von Herzinfarkt und Schlaganfall verordnet.

Nebenwirkungen

Auch wenn Schmerzmittel mit Acetyl-Salicyl-Säure als Wirkstoff ein recht harmloses Image haben, so haben sie dieses völlig zu Unrecht. Gerade bei dauerhafter Einnahme treten sehr häufig die typischen Nebenwirkungen, nämlich Magen- und Darmprobleme, auf. Allein in den USA werden jährlich 16.500 Menschen aufgrund von Magenblutungen nach der Einnahme von Acetyl-Salicyl-Säure Richtung Friedhof abtransportiert.

Magengeschwüre und Komplikationen wie Magen-Darmdurchbrüche, Blutdruckerhöhung, Leberschäden und Nierenfunktionsstörungen sind ebenfalls im Gefolge dieser harmlosen Schmerzmittel zu finden.

Falls jemand neben seiner Arthrose auch an Asthma leiden sollte, können sie Asthmaanfälle verschlechtern oder gar auslösen.

Die oft als Alternative angebotenen COX-2-Hemmer verschonen zwar den Magen und lösen auch kein Asthma aus, bringen dafür aber Herzinfarkt und Schlaganfall in erreichbare Nähe. Aus diesem Grunde wurden manche dieser Mittel kurze Zeit nach ihrer Zulassung wieder aus dem Verkehr gezogen.

Cortison

Bei akuten Entzündungsschüben wird außerdem Cortison verordnet, meistens per Injektion direkt ins Gelenk. Es ist bekannt, dass Cortison langfristig Arthrose fördert und beschleunigt. Dennoch wird es routinemäßig eingesetzt.

Fazit

Hier werden also Mittel verordnet, die vordergründig zwar

kurzfristig Beschwerden lindern können, langfristig aber zweifellos im ganzen Körper zu noch mehr Krankheit und noch mehr Siechtum führen. Und hat man sich einmal in den medikamentösen Teufelskreis begeben, kommt man so schnell nicht wieder heraus. Regelmäßige ärztliche Untersuchungen – teilweise alle zwei Wochen – werden zur Pflichtübung. Blutwerte müssen ständig kontrolliert werden, um zu sehen, inwieweit die verordneten Medikamente die Leber oder die Nieren schon zerstört haben.

Arthrose als Chance

Alles in allem ist diese Situation für den Arthrose-Patienten mehr als unbefriedigend, um nicht zu sagen deprimierend. Starke Schmerzen, große Einschränkungen, permanente Arztbesuche und ständige Medikamenteneinnahme über viele Jahre hinweg (oder gar lebenslang) dämpfen die Lebensqualität beträchtlich. Der Patient fühlt sich hilflos und ohnmächtig.

Er wird im Glauben gelassen, selbst keinerlei Einfluss auf den Krankheitsverlauf zu haben.

Das aber ist ein Irrglaube!

Arthrose kann von jedem Patienten persönlich und aus eigener Kraft positiv beeinflusst werden. Arthrose ist - wie jede Krankheit - ein willkommener Anlass, seinen bisherigen Lebensstil zu überdenken und sich in Startposition für den längst fälligen Lebenswandel zu begeben.

Alternative Therapien

Natürlich kann man sich nun einer von vielen hundert Alternativer Therapien unterziehen. Da werden zum Beispiel die Knochen im Gelenk so lange angefräst, bis sie bluten, womit die körpereigenen Reparaturvorgänge angeregt werden sollen (Abrasionsarthroplastik).

Auch werden häufig transplantierte beziehungsweise extra zu diesem Zweck gezüchtete Knorpelteile in das kranke Gelenk verbracht oder Hyaluronsäure in das Gelenk injiziert. Letzteres soll die Gelenkflüssigkeit und die Gleitfähigkeit des Knorpels verbessern. Der Erfolg, wenn er denn überhaupt eintrifft, ist jedoch nur von vorübergehender Natur.

Verschiedene Nahrungsergänzungsmittel wie Chondroitinsulfat, Glucosamin, Kollagen-Hydrolysat, Methylsulfonylmethan (MSM) und viele weitere sollen einerseits den Knorpel zur Regeneration motivieren, andererseits Material zur Knorpelneubildung liefern.

Was aber kann all das nutzen, wenn die wirkliche Ursache der Arthrose nicht geklärt ist?

Wie kann all das nützlich sein, wenn sich keiner darum kümmert, warum sich die Knorpelmasse in den Gelenken nach und nach verabschiedet?

Sie verschwindet nicht, weil der Patient an einem Chondroitinsulfat-Mangel oder an einem Glucosamin-Mangel leidet. Letztendlich können Chrondroitinsulfat und Glucosamine beim Knorpelaufbau eventuell hilfreich sein, aber erst, wenn die Grundursache des Knorpelabbaus aus der Welt geschafft ist.

Tatsächliche Ursache

Arthrose ist keine altersbedingte Abnutzungserscheinung, sondern eine ernährungsbedingte Zivilisationskrankheit. Sie tritt nur deshalb bevorzugt in höherem Alter in Erscheinung, weil Arthrose nichts anderes als die Folge von jahrzehntelanger falscher Ernährung und ungesunder Lebensweise ist. Sie ist eine der vielen möglichen Erscheinungen, die eintreten, wenn das sprichwörtliche Fass endgültig überläuft.

Das Fass - der Körper - wurde jahrzehntelang mit den Schlacken und Giften aus einer nährstoffarmen und säurebildenden Ernährungsweise gefüllt. Jetzt ist es voll. Schmerz und Krankheit brechen aus. Welche Krankheit letztendlich ausbricht - ob Diabetes, Krebs, Arterio-

sklerose oder eben Arthrose, das hängt von den jeweiligen Lebensumständen und tatsächlich auch von den Erbanlagen ab.

Wem eine körperliche Schwachstelle in den Gelenken vererbt wurde, der wird - sobald das Fass voll ist - Beschwerden in den Gelenken bemerken. Wer jedoch sein Leben im Griff hat, bewusst und gesund lebt, der wird - weil sein Fass gepflegt wird und daher sauber bleibt - von der vererbten Schwachstelle in den Gelenken nichts bemerken - auch nicht, wenn er gerade hundertfünf geworden ist.

Ernährungsbedingte Zivilisationskrankheit

Wenn Arthrose eine ernährungsbedingte Zivilisationskrankheit ist, dann ist das eine wundervolle Nachricht! Es bedeutet: Sie kann mit der richtigen Ernährung und Lebensweise aufgehalten oder – je nach Stadium – geheilt werden. Und genau das haben bereits viele hundert Menschen bewiesen, die sich mit den üblichen Worten «Das ist Verschleiß, da kann man nichts machen, damit müssen Sie sich abfinden», keinesfalls abgefunden haben.

Sie suchten weiter nach einer Lösung, wurden fündig und stellten schließlich ihre Ernährung um. Das sind Menschen, die jahrelange Odysseen durch Arztpraxen hinter sich hatten, zahlreiche meist erfolglose Operationen über sich ergehen ließen und vor Schmerzen täglich bittere Tränen vergossen. Menschen, die ohne Schmerzmittel nicht mehr leben konnten und im Teufelskreis der schweren Nebenwirkungen gefangen waren. Menschen, denen jede Hoffnung auf Besserung genommen war, die ihre Lebensfreude verloren hatten und nicht selten in tiefe Depressionen versanken. Diese Menschen nahmen ihr Leben in die eigenen Hände und änderten konsequent ihre Ernährungsweise. Was geschah?

Viele verspürten die erste Erleichterung

nur eine Woche nach der Ernährungsumstellung. Nach drei bis sechs Wochen war der Schmerz bei den meisten deutlich geringer und nach drei Monaten war er verschwunden. In schwereren Fällen dauerte es sechs bis zwölf Monate, doch auch hier war der Schmerz schließlich besiegt. Diese Menschen brauchen keine Schmerzmittel mehr, sie spüren keinerlei Einschränkungen im Alltag und die Sportler unter ihnen laufen wieder ihren Halbmarathon als sei nichts gewesen, als habe es die Jahre voller Schmerz und Leid nicht gegeben. Ja, Tränen vergießen sie immer noch – vor Glück und Freude über ihr neues schmerzfreies und wieder aktives Leben.

«Wenn es so einfach wäre, dann hätte doch keiner mehr Arthrose!», sagen Sie jetzt. Das Arthrose-Ernährungsprogramm ist keineswegs einfach. Ein gesunder Lebensstil, der Arthrose vertreiben oder aufhalten kann, erfordert nicht nur die Begeisterung am Prinzip der Selbstheilung und den Wunsch nach Gesundheit, sondern auch Disziplin, einen starken Willen, Durchsetzungsvermögen, Flexibilität und Freude am Lernen. Wer all diese Voraussetzungen mitbringt, kann es schaffen und nicht nur seine Arthrose besiegen, sondern sämtliche anderen Zivilisationskrankheiten ebenfalls. Die Ursache ist bekanntlich allen gleich: Ungesunde Lebensweise!

Selbstheilungskräfte aktivieren

Allein durch die Kraft der Gedanken ist es möglich unsere Selbstheilungskräfte zu aktivieren. Der Mensch ist mit seinen geistigen Fähigkeiten in der Lage viel mehr zu erreichen, als er gemeinhin glaubt. Im Grunde sind viele anderen Bemühungen erst dann vom Erfolg gekrönt, wenn der Mensch voller Zuversicht ist und auf diese wunderbare Weise seine Selbstheilungskräfte mobilisiert. «Der Glaube versetzt Berge» ist nicht nur ein Sprichwort, sondern symbolisiert die Kraft der Gedanken.

Jedoch ist es nicht so einfach, seine persönlichen Gedanken und Einstellungen zu ändern.

Also können unsere Gedanken unseren Körper beeinflussen, sowohl in die negative als auch in die positive Richtung. Ergo können wir unsere Krankheit verstärken oder heilen. Zum ganzheitlichen Heilungsprozess gehört auch immer die Seele. Man sagt auch: In einem gesunden Körper wohnt ein gesunder Geist.

Viele Menschen machen alles nur mögliche, um gesund zu werden. Sie achten auf ihre Ernährung, absolvieren ein Sportprogramm, nehmen die richtigen Nahrungsergänzungsmittel, lassen sich massieren, machen Entgiftungskuren, schlafen genau acht Stunden lang und benutzen nur ausgesuchte Naturkosmetik. Nur eines vergessen sie: sich um das eigene seelische Gleichgewicht und Innenleben zu kümmern. Sie halten an ihrem Gedankenkonstrukt fest, welches sie sich aufgebaut haben und an das sie glauben.

Was nützt es, all die guten Sachen zu machen, wenn er oder sie unglücklich ist? Unglücklich, weil man sich nicht mit dem Partner versteht, unglücklich, weil man sich selbst nicht wertschätzt und von anderen nicht wertschätzend behandelt wird. Weil unbewusste Barrieren den Geist blockieren. Kurz und gut, nicht das Leben lebt, welches man sich für sich selbst wünscht, weil man vielleicht nicht das eigene Leben lebt.

Die meisten Menschen merken das nicht einmal, sie lenken sich ab und alles, was nicht passt, wird schnellstens verdrängt.

Es ist den meisten Menschen zu anstrengend, sich mit den Missständen des eigenen Lebens zu beschäftigen. Lieber das Unglück, das man kennt (Komfortzone) hinnehmen, als einen Schritt ins Ungewisse, Neue zu tun

(Komfortzone verlassen).

Vielleicht sind Sie jetzt noch nicht krank, aber todunglücklich?

Irgendwann hat die Seele genug und schreit und wenn Sie Ihre Seele nicht hören, dann macht sie den Körper krank. Was soviel bedeutet wie: Jetzt tu etwas!! Ändere etwas!! Sonst mache ich dich noch kranker und dann musst du etwas tun!!

Natürlich ist es nicht NUR die unglückliche Seele und die ungünstigen Lebensumstände, die zu Krankheiten führen und die Selbstheilungskräfte schwächen. Meist spielen mehrere Faktoren mit, wozu auch die Ernährung und die allgemeine Lebensweise gehören. Doch ist die Seele IMMER mitbeteiligt, und es ist sehr oft die Seele, die verhindert, dass man wieder gesund wird - so lange man nicht an sich arbeitet und alte Gedankenmuster nicht aufgibt.

Es gibt viele Beispiele in der Literatur und auch aus Erfahrungsberichten, dass Heilung auf vielen unterschiedlichen Wegen möglich ist, jeder selbst entscheidet, wie der persönliche Weg aussehen soll und jeder zeigt, dass die Selbstheilungskräfte besonders dann aktiviert werden und Heilung besonders dann geschieht:

- wenn Menschen unerschütterlich glauben
- wenn Menschen ihre Einstellung, ihre Gedanken, ihre Sichtweisen und daraufhin ihr Leben ändern
- wenn Menschen Liebe schenken – anderen oder sich selbst.

Sie zeigt also, dass mentale Kraft heilen kann und eine wichtige Komponente einer jeden Therapie darstellt – ob ganzheitlich oder nicht. Diese mentale Kraft können Sie jederzeit für sich selbst nutzen. Sie benötigen dafür weder die Hilfe noch das Einverständnis Ihres Arztes. Sie müssen nicht einmal darüber reden. Wichtig ist nur, dass Sie um diese Kraft wissen. Denn sie steckt in jedem von uns und wartet nur darauf, gebraucht zu werden!

Es wäre zu viel, hier alle Beispiele der Selbstheilung aufzuzählen, darum an dieser Stelle ein paar Links zu Erfolgsgeschichten. Und es gibt sicher viele mehr.

https://www.naturheilkunde-krebs.de/spontanheilung-krebs/

https://www.methode.de/bu/gmb/busand01.htm

https://www.beobachter.ch/gesundheit/medizin-krankheit/selbsthei-
lung-aus-eigener-kraft

https://www.zentrum-der-gesund-
heit.de/brustkrebs-mythen-ia.html

https://www.zentrum-der-ge-
sundheit.de/news/brustkrebs-selbsthei-
lung-16080462.html

https://www.zentrum-der-gesund-
heit.de/cll-chronisch-lymphatische-leukae-
mie-ia.html

https://www.zentrum-der-gesund-
heit.de/hodgkin-lymphom-selbstheilung.
html

https://www.zentrum-der-gesund-
heit.de/karottensaft-gegen-krebs.html

Vita

Karin Schweitzer hat bei der Akademie für Naturheilkunde ihre Ausbildung zur *Fachberaterin für Holistische Gesundheit* gemacht und mit Erfolg abgeschlossen. Sie ist Gesundheits- und Ernährungsberaterin, Coach, Verlegerin, Autorin, Liebhaberin guter Literatur und Künstlerin aus ganzem Herzen. Auf der Suche nach neuen und ungewöhnlichen Dingen. Positiv denkender und handelnder Mensch. «Ich liebe den Augenblick, den Moment und lebe im Hier und Jetzt. Ich habe Träume, die ich verwirkliche. Ich glaube an die Chance des *Zufalls*. Denn wenn wir auf dem richtigen Weg sind, fallen uns die richtigen Dinge vor die Füße. Zur richtigen Zeit und am richtigen Ort könnte man auch sagen.»

1952 wurde sie im Zeichen des Löwen in Düsseldorf geboren, 17 Jahre verbrachte sie in Hochdahl, das nun Erkrath heißt. Nach vier Jahren Zwergschule Thekhaus, besuchte sie in Mettmann das Konrad-Heresbach-Gymnasium. Anschließend studierte sie Sport, nach erfolgreichem Abschluss unterrichtete sie in Frankfurt/Höchst am Mädchengymnasium

Helene-Lange-Schule. Nachdem sie vier Kindern das Leben geschenkt hatte, studierte sie Kunst und belletristisches Schreiben.

23 Jahre arbeitete sie mit ihrem Mann zusammen in der gemeinsamen Elektronik-Firma, verließ diese jedoch, um einen Verlag zu gründen und sich ganz der Literatur zu widmen, in dem sie ihre durch Beruf und Studium erworbenen Kenntnisse einbringen konnte.

Eine schwere Arthroseerkrankung machte ihr klar, dass sie sich auf keinen Fall weiter in die Hände ihres Arztes begeben würde, der ihr nur Schmerzmittel und Cortison, alternativ auch zwei neue Hüften verabreichen wollte. Sie suchte nach Möglichkeiten und fand sie im *Zentrum der Gesundheit* und lebte von diesem Tag an *basisch*. Nach und nach verschwanden die Schmerzen, ebenso wie die Pfunde und sie wurde wieder ganz gesund.

Abschließend ist zu sagen, dass sie ihre Gesundheit dem Verständnis für gesunde Ernährung und Konsequenz verdankt.

Ihre Hobbies? Schreiben, malen, musizieren, mit Freunden kommunizieren, sich weiterbilden, der Garten, Manuskripte lesen, ihre Katzen und Enten, Pilze und Heilkräuter sammeln, die Natur und vieles mehr.

Quellenverzeichnis

Gesund mit Basischer Ernährung, Karin Schweitzer,

ISBN 978-3-86332-029-4, 19,90€, Schweitzerhaus Verlag

Schlüssel zum Glück, Karin Schweitzer

ISBN 978-3-86332-

Alles über Heilpflanzen: Erkennen, anwenden und gesund bleiben

Ursel Bühring, 978-3800183845, 29,90 €, Verlag Eugen Ulmer

Was die Seele krank macht und was sie heilt, Thomas Schäfer

ISBN 978-3-8289-4933-1 Verlagsgruppe Weltbild GmbH

Krankheit als Sprache der Seele, Ruediger Dahlke

ISBN 978-3-442-12756-6, 11,90€, Goldmann

Die Energie der Liebe, Harald Wessbecher,

ISBN 978-3-7787-9167-7, Integral Verlag

Stopp! Die Umkehr des Alterungsprozesses, Andreas Campobasso

ISBN 978-3-442-21858-5, 8,99€ Goldmann

Krankheit als Weg: Deutung und Be-Deutung der Krankheitsbilder, Thorwald Dethlefsen und Ruediger Dahlke

ISBN: 978-3-442-21558-4, 9,00€, Goldmann

http://www.zentrum-der-gesundheit.de

Akademie für Naturheilkunde, CH-6370 Stans

Feskanich D et al., «Milk, dietary calcium, and bone fractures in women: a 12-year prospective study.» Am J Public Health. 1997 Jun;87(6):992-7. (Milch, Calcium und Knochenabbau bei Frauen)

Sellmeyer DE et al., «A high ratio of dietary animal to vegetable protein increases the rate of bone loss and the risk of fracture in postmenopausal women. Study of Osteoporotic Fractures Research Group.»

(Ein großes Verhältnis von tierischem zu pflanzlichem Protein erhöht den Knochenabbau und das Risiko von Knochenbrüchen bei Frauen nach der Menopause) Am J Clin Nutr. 2001 Jan;73(1):118-22.

Melnik BC. «Evidence for acne-promoting effects of milk and other insulinotropic dairy products.» (Belege für Akne-verursachende Effekte von Milch und anderen insulinotropen Molke-Produkten) Nestle Nutr Workshop Ser Pediatr Program. 2011;67:131-45.

Danby FW. «Nutrition and acne.» Clin Dermatol. 2010 Nov-Dec;28(6):598-604. (Ernährung und Akne)

Melnik BC, Schmitz G. «Role of insulin, insulin-like growth factor-1, hyperglycaemic food and milk consumption in the pathogenesis of acne vulgaris.» Exp Dermatol. 2009 Oct;18(10):833-41. (Die Rolle von Insulin, dem Insulin-ähnlichen Wachstumsfaktor 1, hyperglykämischem Essen und Milch Verzehr in Zusammenhang mit Akne)

Pribila BA et al., «Improved lactose digestion and intolerance among African-American adolescent girls fed a dairy-rich diet.» J Am Diet Assoc. 2000 May;100(5):524-8; quiz 529-30. (Laktose Verdauung und Laktoseintoleranz bei Mädchen)

Laugesen M, Elliott R. «Ischaemic heart disease, Type 1 diabetes, and cow milk A1 beta-casein.» N Z Med J. 2003 Jan 24;116(1168):U295. (Herzerkrankungen, Diabetes 1 und A1 Beta-Casein aus Milch)

Gerstein HC. «Cow`s milk exposure and type I diabetes mellitus. A critical overview of the clinical literature.» Diabetes Care. 1994 Jan;17(1):13-9. (Kuhmilch und Diabetes 1: Ein kritischer Überblick)

Wasmuth HE, Kolb H. «Cow`s milk and immune-mediated diabetes.» Proc Nutr Soc. 2000 Nov;59(4):573-9. (Kuhmilch und Diabetes 1)

Alves JG. et al., «Breastfeeding Protects Against Type 1 Diabetes Mellitus: A Case-Sibling Study.» Breastfeed Med. 2011 Aug 5. (Stillen schützt vor Diabetes 1)

Cramer DW. «Lactase persistence and milk consumption as determinants of ovarian cancer risk.» Am J Epidemiol. 1989 Nov;130(5):904-10. (Laktase Persistenz und Milchkonsum als Faktoren für Eierstockkrebs)

Fairfield KM et al., «A prospective study of dietary lactose and ovarian cancer.» Int J Cancer. 2004 Jun 10;110(2):271-7. (Laktose und Eierstockkrebs)

Larsson SC et al., «Milk, milk products and lactose intake and ovarian cancer risk: a meta-analysis of epidemiological studies.» Int J Cancer. 2006 Jan 15;118(2):431-41. (Milch, Milchprodukte und Laktose in Bezug auf Eierstockkrebs)

Larsson SC et al., «Milk and lactose intakes and ovarian cancer risk in the Swedish Mammography Cohort.» Am J Clin Nutr. 2004 Nov;80(5):1353-7. (Milch und Laktose in Bezug auf Eierstockkrebsrisiko) [Studie als PDF]

Danby FW. «Acne, dairy and cancer: The 5alpha-P link.» Dermatoendocrinol. 2009 Jan;1(1):12-6. (Akne, Molke und Krebs)

Kleinberg DL, Barcellos-Hoff MH. «The pivotal role of insulin-like growth factor I in normal mammary development.» Endocrinol Metab Clin North Am. 2011 Sep;40(3):461-71, vii. (Die zentrale Rolle des Insulin-ähnlichen Wachstumsfaktors 1 bei der normalen Brustentwicklung)

Ferrís-Tortajada J et al., «Dietetic Factors Associated With Prostate Cancer. Protective Effects of Mediterranean Diet.» Actas Urol Esp. 2011 Sep 27. (Ernährung und Prostatakrebs)

Martin RM et al., «Milk and linear growth: programming of the igf-I axis and implication for health in adulthood.» Nestle Nutr Workshop Ser Pediatr Program. 2011;67:79-97. (Milch und lineares Wachstum: Programmierung der IGF-1 Achse und Beeinflussung der Gesundheit im Erwachsenenalter)

Georg Loss, PhD, Martin Depner, PhD et al.,»Consumption of unprocessed cow`s milk protects infants from common respiratory infections», Journal of Allergy and Clinical Immunology, 2014, (Der Konsum von Rohmilch schützt Säuglinge vor den üblichen Atemwegserkrankungen)

Prof. Karl Michaëlsson et al., «Milk intake and risk of mortality and fractures in women and men: cohort studies", British Medical Journal, Oktober 2014, («Milchaufnahme und Sterbe- sowie Frakturrisiko bei Frauen und Männern: Kohortenstudien")

Dr. Diane Feskanich et al., «Milk Consumption During Teenage Years and Risk of Hip Fractures in Older Adults", JAMA Pediatrics, November 2013, «Milchkonsum im Teenageralter und das Risiko von Hüftgelenksfrakturen bei älteren Erwachsenen")

Caldwell Blakeman Esselstyn Jr. (* 12. Dezember 1933 in New York City) ist ein US-amerikanischer Mediziner und Teilnehmer der Olympischen Sommerspiele 1956.
Esselstyn besuchte die Deerfield Academy (Internat) und studierte ab 1956 Humanmedizin an der Yale University, wo er auch Mitglied der Studentenverbindung Skull and Bones war. Seinen medizinischen Berufsdoktorgrad (M.D.) erhielt er schließlich 1961 an der Case Western Reserve University. Sein Fachgebiet ist die Chirurgie. Er nahm an den Olympischen Sommerspielen 1956 in Melbourne teil und gewann in der Disziplin Achterrennen im Rudern eine Goldmedaille.
Von 1961 bis 1968 war er für verschiedene Krankenhäuser in den Vereinigten Staaten, London und Vietnam als Arzt tätig. Ab 1968 war er für die chirurgische Abteilung der Cleveland Clinic in Ohio tätig. Innerhalb dieser war er bis 2006 als chirurgischer Leiter für Schilddrüsenerkrankungen und Brustkrebs zuständig. Von 1977 bis 1978 war er zudem Vorsitzender der Personalabteilung und von 1977 bis 1982 Mitglied des Aufsichtsrats. Seit 2009 ist er Vorsitzender der Abteilungen für Präventivmedizin und Wellness.
Esselstyn ist Mitglied im Beirat des Physicians Committee for Responsible Medicine (PCRM), einer 1985 in den USA gegründeten Organisation, die Tierversuche bekämpft und für vegane Ernährung wirbt.

Abnehmen mit Spaßfaktor

Karin Schweitzer

Sie wollen abnehmen?
Bisher hat keine Diät wirklich geholfen, weil nach ein paar Wochen der JoJo-Effekt eintrat?
Es soll keine Mühe machen?
Keine Kalorien zählen, auch keine Punkte zusammenrechnen? Nichts wiegen, einfach nur bestimmte Lebensmittel weglassen und Ihre Pfunde purzeln sehen?
Das Abnehmen soll Spaß machen und von Erfolg gekrönt sein?

Glückwunsch! Sie haben das richtige Buch dafür gefunden!
Wissenswertes rund um unseren Körper und unserer Lebensmittel, viele leckere Rezepte und ein Ernährungstagebuch unterstützen Sie bei der Reduzierung Ihres Körpergewichtes.

ISBN 978-3-86332-044-7 € 19,90

Gesund mit Basischer Ernährung
Rezepte

Karin Schweitzer

191 Rezepte zum Ausprobieren

Basische, vegetarische und vegane Gerichte auf Basis der Basischen Ernährung.

- Smoothies
- Frühstück
- Warme Mahlzeiten
- Gerichte mit Kartoffeln
- ... mit Hirse
- ... mit Quinoa
- ... mit Amaranth
- ... mit Konjaknudeln
- ... mit Buchweizen
- ... mit Süßkartoffeln
- Salate
- Desserts
- Dipps und Saucen
- Brote
- Brotaufstriche
- Desserts
- Getränke

ISBN 978-3-86332-062-1

Schlüssel zum Glück
Ergebnisse einer Suche

Karin Schweitzer

Dieses Buch widme ich den Lesern, die sich aufgemacht haben einen Weg für mehr Freude, mehr Lebenslust und mehr Zufriedenheit in ihrem Leben zu finden und denen, die das noch vorhaben. Einen Weg, wie ich es gern ausdrücke, für ein Leben in Glück und Erfüllung.

Für jeden Menschen gibt es einen anderen Weg, der ihn zu seinem Schlüssel führt, einem Schlüssel, der zum Schloss seiner Wesensart passt. Ich lade Sie herzlich ein über meine Erlebnisse, meine Erfahrungen und mein Wissen das Glück betreffend, Ihren Schlüssel zu finden und auf dem Weg dorthin Bekanntes zu überdenken und Neues auszuprobieren.

Ich denke, dass alles gut so ist, so wie es ist, alles seinen Sinn und nur die Bedeutung hat, die wir ihm geben. Wenn ich mit meinem Leben unzufrieden bin und etwas ändern möchte, so steht es mir frei, die Reise zu meinem wahren Selbst zu wagen, mein Wesen zu entdecken und herauszufinden, was mich im Leben wirklich antreibt, inspiriert und glücklich macht.

ISBN Buch 978-3-86332-043-0 12,50€

Single Kochbuch
Schnelle Gerichte im Basenüberschuss für berufstätige Singles

Karin Schweitzer

vegan - vegetarisch - basisch

Vielen Menschen habe ich einen Weg gezeigt, um wieder gesund zu werden und solange der Schmerz groß genug war, ernähren sie sich auch basisch.
Und dann kommen schleichend die alten Gewohnheiten zum Vorschein und dann heißt es: "Das ist ja alles schön und es geht mir auch besser, aber es ist auf die Dauer doch ziemlich aufwendig, sich immer basisch zu ernähren."
Wirklich? Oder ist es nur unsere Geist, der sich dagegen wehrt?
Ich habe mich damit beschäftigt, schnelle Rezepte zu entwickeln und auszuprobieren, rationell zu kochen und dabei auch die Vorratshaltung mit einzuplanen.
Probieren Sie es aus! Alles total easy!
Mit diesem Buch kommen Sie auf neue Ideen.

978-3-86332-159-8
E-Book: E-PUB, 9,99€
ca. 300 Seiten